Política e psicanálise

PSICANÁLISE PASSO-A-PASSO
Direção: Marco Antonio Coutinho Jorge

Ver lista de títulos no final do volume

Ricardo Goldenberg

Política e psicanálise

ZAHAR

Capa
Sérgio Campante

Composição
TopTextos Edições Gráficas Ltda.

Impressão sob demanda
UmLivro

Papel
Alta alvura, Suzano S.A.

CIP-Brasil. Catalogação na fonte
Sindicato Nacional dos Editores de Livros, RJ

G566p Goldenberg, Ricardo Davi, 1955-
Política e psicanálise / Ricardo Goldenberg. — 1ª ed. — Rio de Janeiro: Zahar, 2006.
(Passo-a-passo; v.71)

Inclui bibliografia
ISBN 978-85-7110-949-0

1. Psicanálise — Aspectos sociais. 2. Psicanálise e política. 3. Psicologia social. I. Título. II. Série.

06-3237
CDD: 150.195
CDU: 159.964.2

[2020]

EDITORA SCHWARCZ S.A.
Praça Floriano, 19, sala 3001 — Cinelândia
20031-050 — Rio de Janeiro — RJ
Telefone: (21) 3993-7510
www.companhiadasletras.com.br
www.blogdacompanhia.com.br
facebook.com/editorazahar
instagram.com/editorazahar
twitter.com/editorazahar

FSC
www.fsc.org
MISTO
Papel produzido a partir de fontes responsáveis
FSC® C128038

A marca FSC® é a garantia de que a madeira utilizada na fabricação do papel deste livro provém de florestas que foram gerenciadas de maneira ambientalmente correta, socialmente justa e economicamente viável, além de outras fontes de origem controlada.

Sumário

Introdução e algumas definições

"Há muito adotei o dito espirituoso dos três ofícios impossíveis, isto é, educar, curar e governar", escreveu Freud em 1925, no prólogo destinado a elogiar o tratado de pedagogia de um amigo educador. E, 12 anos mais tarde, depois de evocar as "pesadas exigências" às quais o psicanalista deve se submeter no exercício de sua prática, foi levado a reconhecer que "quase temos a impressão de que analisar seja a terceira dessas profissões *impossíveis*, de cujo pouco sucesso podemos estar seguros. As duas outras, há muito conhecidas, são educar e governar". Uma análise cuidadosa desta observação, acredito, há de ser suficiente para explicitar o que Freud pensava sobre a política em particular e sobre o poder de modo geral.

Freud nunca se ocupou da política como objeto de reflexão filosófica ou científica, nem fez dela um tema para a psicanálise. Não por omissão, mas por interessar-se por ela antes como prática que como teoria, o que a definição bem-humorada dos ofícios revela suficientemente (optou por três verbos, em vez de três substantivos: governar, educar, analisar). É menos o "ser" que o "fazer" político que chama a sua atenção. E o adjetivo "impossível" com que qualifica o trabalho dos políticos (mas também dos professores, médicos e o próprio, o do psicanalista) não vem aí anunciar-lhes a impotência. Ao contrário, em que pese o contra-senso, "impossível" indica as condições de possibilidade dessas tarefas. Eis a diferença entre se dispor a alcançar um ponto preciso ou aproximar-se dele de modo assintótico, sem esperar chegar mas também sem perdê-lo de vista. Essa espécie de "núcleo utópico", no caso da política, pode ser a causa da vertigem que nos leva a procurar a mão do Salvador da Pátria, ou à aspiração positivista de uma previsão exata do nosso destino. Com efeito, se no passado o político era da ordem do divino ou do mágico, no presente é confiado às decisões técnicas dos peritos da probabilidade ou entregue nas mãos de místicas personalidades carismáticas.

O paralelo entre a prática terapêutica, médica, e a política não é bem uma novidade, está presente em toda a filosofia grega, a ponto de ser possível demonstrar a influência da medicina hipocrática sobre a concepção de poder de Tucídides. Quanto à aproximação entre pedagogia e poder, além de estar contida na palavra *mestre*, em idiomas como o francês, ela também remonta aos gregos, e Alexandre Magno, por exemplo, seria sua realização em ato: educado por Aristóteles para realizar seu destino de senhor ao mesmo tempo de si próprio, da cidade-estado e dos seus exércitos, mediante o uso equilibrado da razão e da força. O motivo pelo qual Freud entra com a sua psicanálise, como penetra, ao lado da medicina, na festa dos ofícios impossíveis, será desenvolvido adiante.

Entre política e psicanálise há menos uma relação de incursão ou de empréstimo entre campos diferentes do conhecimento, como acontece em algumas áreas, por exemplo história, antropologia, lingüística ou física, do que uma inerência que dificilmente suspeitaríamos à primeira vista. Essa inerência não está tanto na teoria como na prática, no exercício mesmo dessa profissão que necessariamente lida com os problemas da escolha e da liberdade.

Algumas definições de "política" para uso deste texto, dentre as quais o leitor pode escolher a que preferir ou servir-se delas em conjunto, se assim lhe aprouver. A *arte* de organizar e dirigir uma coletividade. O *conjunto de meios* para regulamentar as relações entre indivíduos pertencentes a uma mesma comunidade jurídica. Ou, então, mais simplesmente, as diferentes *maneiras de governar*. Pode-se optar, quem sabe, pela definição mais clássica, a de Aristóteles, que concebe a política como o *arsenal de práticas* colocadas em obra com a finalidade de se alcançar a felicidade de se viver junto (*politikos* é o homem de ação, oposto a *rethorikos*, o homem de palavras). Embora fazer política não seja sinônimo de governar, que vem de "conduzir" e se usa para significar o mando ou a autoridade que se tem sobre algo, deve-se levar em consideração que toda política se exerce com a mira posta no poder de governar. Muitas vezes não farei diferença entre ambas as noções ao me referir às relações com a psicanálise.

Duas palavras para concluir. Uma, sobre a política como *arte*. Embora evocando o dom do artista corra-se o risco de rodar pelo declive fácil do fascínio pelo homem carismático, nascido para ser líder, é necessário precaver-se contra a postura de inocente objetividade do cientista político na sua procura por leis formais que ajam sobre as massas humanas como a gravitação sobre as marés, e em cuja composição não entrariam as paixões incalculáveis que movem os interesses mais contraditórios entre si. Tomar a política como uma das belas-artes, então, tem a vantagem de ao mesmo tempo renunciar à pretensão de fazer dela uma ciência exata e de introduzir o fator humano contingente, único, irrepetível.

Outra, sobre a *felicidade* como fator político. Os gregos fizeram dela um objetivo de governo, visto que definiam com clareza o Soberano Bem que deveria nortear o indivíduo e o Estado. Já a constituição norte-americana, mais prudente, garante a todos apenas o direito de *procurar* a felicidade, na medida em que o Estado não reconhece um único Bem, mas se dispõe a cuidar para que cada cidadão possa ocupar-se do que lhe convém segundo suas convicções, desde que, assim fazendo, não passe por cima das conveniências do vizinho. Ponto problemático quando os desejos de ambos colidem (o que tende a ser a regra), e que se tentou resolver com a noção de bem comum — que, na prática, se traduz pelas renúncias a que ambos devem consentir para ninguém sair lesado unilateralmente. Veremos como, a partir da avaliação das conseqüências dessas renúncias, a psicanálise pôde repensar a noção de felicidade para fazer dela, diferentemente dos gregos, um fator político.

Individual ou coletivo (sociologia e política)

Preocupado em não ver a teoria psicanalítica reduzida a um mero ramo da medicina, Freud sempre se esforçou em alargar o campo de competência da sua descoberta. Ao mesmo tempo em que se ocupava dos alicerces teóricos e da clínica específica, jamais deixou de escrever textos, artigos ou livros que iam além do campo psicanalítico: desde a análise da *Gradiva*, de Jensen, até o "romance histórico" sobre Moisés, passando pelo ensaio sobre Leonardo da Vinci. Eles tiveram dois objetivos: tratar de algum problema específico da própria psicanálise e demonstrar seu alcance, maior do que o de simples instrumento da caixa de ferramentas do psiquiatra.

Em 1906, funda uma coleção denominada Monografias de Psicanálise Aplicada com o objetivo de acolher e difundir as incursões dos psicanalistas na literatura e na mitologia. O primeiro volume dessa série é precisamente um ensaio sobre uma novela de Wilhelm Jensen, *Gradiva*. Em 1913, consagra um artigo de enciclopédia ao múltiplo interesse da psicanálise para os diversos campos da cultura, em que especifica a pertinência de seu método para se ocupar das diferentes disciplinas acadêmicas. Em 1926, retoma a questão ("Podem os leigos exercer a psicanálise?") precisando que a psicanálise, como "psicologia das profundezas, como teoria do inconsciente psíquico ... pode se tornar indispensável para todas as ciências que se ocupam da gênese da civilização humana e de suas grandes instituições, tais como a arte, a religião e a ordem social".

Enfim, reivindicando o direito de se debruçar sobre as "ciências do espírito" ("Novas conferências de introdução à psicanálise") para enriquecê-las com as descobertas da sua "jovem ciência", Freud especifica: a arte, a história das civilizações e das religiões, a mitologia, a literatura e a filosofia, e às vezes a sociologia ou a pedagogia. Nunca menciona, como vimos, o campo político propriamente dito, embora sua preocupação com a política do seu tempo esteja por toda parte em sua correspondência e na obra publicada — particularmente em *O mal-estar na cultura*, escrito durante a Grande Depressão de 1929. Há nessa obra interessantes subsídios para uma reflexão teórica sobre a ação política. Foram os muitos comentários feitos a esse livro notável que me fizeram pensar na necessidade de diferenciar sociologia e política, de praxe confundidas quando se trata das relações entre mais de duas pessoas do ponto de vista da psicanálise.

É possível que a reserva de Freud em matéria de política fosse devida às dificuldades de articular a psicologia individual com a psicologia coletiva, obstáculo enfrentado, porém jamais devidamente resolvido ao longo de toda a obra, de *Totem e Tabu* (1913) a *Moisés e a religião monoteísta* (1939). O manifesto freudiano definitivo concernente a essa articulação foi dado no seu livro de 1921, *Psicologia das massas e análise do eu*. Poderíamos resumir sua tese dizendo que toda psicologia individual é ao mesmo tempo psicologia social, pelo simples fato da presença inevitável do outro, que entra em cena como modelo, objeto ou adversário. A oposição entre individual e coletivo desloca-se para a dos processos libidinais envolvendo o outro e dos processos relativos ao narcisismo.

Com o instrumento clínico da hipnose e a distinção entre o *eu* e seu *ideal*, Freud encontra a fórmula dos fascínios coletivos, cada vez mais em evidência naquela época, que desaguariam nos populismos italiano e alemão na década seguinte. As multidões, de fato, longe de serem um caos, obedecem a uma temível organização que, ao estabilizar-se, pode transformar o líder efêmero da turba em guia do partido ou condutor dos povos. É no contexto desse problema que Freud analisa o mecanismo de formação de organizações como a Igreja e o Exército em torno de um líder colocado em lugar de *ideal do eu* pelos membros da agrupação, e chega à conclusão de que esse mecanismo é o mesmo que forma o *eu* individual.

Apesar das declarações em contrário, o objeto político por excelência não é o indivíduo, mas o grupo ou, mais precisamente, para denominá-lo com um termo de claras conotações políticas, a *massa*. Como observa Michel Plon, a escolha de Freud pelo termo alemão *Massen*, em vez de *Menge* ou *Gruppe*, usados quando quer se referir apenas à dimensão quantitativa, "prova que é de fato o 'objeto político' que preocupa Freud em um contexto teórico profundamente dominado pela conceitualização da pulsão de morte".

Plon não enfatiza suficientemente, contudo, o fato de que essa estranha invenção conceitual freudiana do ano anterior é a grande ausente do ensaio *Psicologia das massas e análise do eu*, que se serve de uma concepção de agressividade em vias de ser subsumida sob o novo conceito, ainda não operativo. Foi o psicanalista francês Jacques Lacan quem situou a interrogação freudiana sobre a *pulsão de morte* que assombra *Psicologia das massas* em seu devido lugar, articulando-a com dois problemas notados mas não propriamente elaborados por Freud ali, a saber, o *sacrifício* e o *inimigo*.

Esses temas virão à tona propriamente quando ele se ocupar, oito anos depois, dos efeitos da cultura sobre o pulsional no homem. Qualquer relação pulsional com o outro envolve uma parte de si perdida que pode ser relacionada com as grandes formas sociais centradas no sacrifício. E não me refiro apenas aos astecas, por exemplo. Tanto a invocação aos deuses antigos como aquilo que a substitui na modernidade, o apelo ao amo, estão intrinsecamente associados a sacrifícios de partes de si. Desde o profeta que se dispõe a matar seu primogênito para atender ao pedido insensato de um deus implacável até as promessas feitas aos santos, passando pelo filho sacrificado pelo pai celestial ("Senhor, por que me abandonaste?"); desde o *potlach* (a grandeza da tribo depende do tanto que ela se disponha a destruir de objetos preciosos *próprios* perante seus adversários) até o *sepuku*, passando pelo cálculo de baixas na estratégia de guerra, sem esquecer os trotes aos calouros nem as provas de amor dadas e tomadas, o sacrifício revela-se o cimento da massa, responsável pela coesão social.

Não basta a identificação entre si dos membros unidos junto ao seu líder, estudada por Freud, também é necessário situar aquilo que, em nome da causa, eles são levados a sacrificar para pertencer à classe. E aqui se abre o delicado capítulo do lugar e da função do Outro absoluto. O estrangeiro, o inimigo, o que tem outra crença, almeja coisas diferentes, não se priva do mesmo que nós e na maioria das vezes é chamado a ocupar o lugar do bode expiatório imolado ao culto do Uno. Não preciso evocar as grandes catástrofes da história do século XX para entender a importância desse problema, basta abrir o jornal de hoje. Freud tratou disso em 1929, quando se ocupou das renúncias pulsionais exigidas pela civilização, cujas conseqüências seriam os padecimentos neuróticos.

Deixemos, por enquanto, o que Freud não diz em *Psicologia das massas* e voltemos àquilo de que ele se ocupa, a saber, os impasses entre o individual e o coletivo. O maior deles é o homem não resignar-se a ser um cupim e reivindicar a sua liberdade individual em oposição à vontade da massa. Reivindicação que constitui precisamente o problema insolúvel não só para a teoria de Freud como para qualquer governo.

Um filme de Don Siegel, realizado em plena Guerra Fria, dá uma boa idéia de por que governar é impossível. Dá uma idéia melhor do que qualquer livro de história, nesse caso, do pavor do povo norte-americano em relação ao comunismo e da paranóia desencadeada durante o macarthismo: nada como a ficção científica, aliás, para se ter um retrato fiel das fantasias dominantes em uma cultura em determinado período histórico. *Vampiros de almas* é o título (em inglês, *The invasion of the body snatchers*, ou seja, literalmente, A invasão dos ladrões de corpos). Trata da luta, a princípio inglória, do médico de uma pequena localidade rural norte-americana invadida por extraterrestres para preservar a sua individualidade.

Alienígenas ocupam os corpos das pessoas enquanto elas dormem. Uma vez acordadas, conservam a aparência de sempre, mas suas "almas" mudaram. A questão medonha que se perfila para o protagonista e, por seu intermédio, para o espectador, é o que quer essa alma estranha encarnada no seu semelhante, no seu irmão. E a resposta não oferece a menor dúvida: ela quer gozar dele, chupá-lo como se fosse uma manga e sumir com a sua prezada identidade. Na cena final, o personagem principal, último a abandonar o barco do seu *ego* mediante um esforço sobre-humano para não adormecer, dá-se conta, numa inversão digna de nota, de que ele mesmo tornou-se um estranho, isolado em meio àquela comunidade entregue a uma forma de gozar que não seria deste mundo.

Além de não poder cochilar nem por cinco minutos, o protagonista revela-se impotente para convencer os conhecidos do complô em andamento, já que, a não ser por uma certa frieza de sentimentos, nada distingue à simples vista os "ocupados" dos ainda "desocupados": desconfie do seu vizinho, ele pode ser um ET! Essa desafeição é um elemento fundamental dentro e fora da trama. Dentro, serve para duvidarmos, junto com nosso herói, do deleite prometido pelos congêneres já cooptados, com a finalidade de induzi-lo a desistir da resistência e entregar-se ao sono, isto é, abandonar seu corpo ao inimigo. Fora, mantém o suspense, fazendo-nos torcer pelo humano contra os desumanos sem alma (o tradutor brasileiro captou bem o espírito da coisa).

Como se vê, Hollywood pode atender às diretrizes de Washington sem prestar um desserviço à sétima arte. Está aqui um bom filme, dentro do seu gênero, que também serviu como panfleto anticomunista: não durma no ponto, diz, vêm aí os comedores de criancinhas! E a psicanálise? A psicanálise se ocupa precisamente dessa relação complexa entre individual e coletivo que constitui o problema central de toda e qualquer ação política.

Mas, antes de falar disso, é mister chamar a atenção para o equívoco que faz da psicanálise uma terapia individual mais ou menos inócua no plano social. Esse equívoco não é só dos leigos. Otto Fenichel, estrela de primeira grandeza no céu freudiano da segunda geração, queixava-se de não ter podido ajudar mais do que cinco ou seis pessoas por ano. Enrique Pichón-Rivière, membro fundador da primeira Associação Psicanalítica Argentina, anunciou sua ruptura com a instituição que ajudara a fundar, para dedicar-se a ações terapêuticas grupais e comunitárias, em um livro-manifesto intitulado *Da psicanálise à psicologia social*. Enquanto isso... os socialistas acusavam os psicanalistas de fazer o jogo pequeno-burguês, fornecendo bem-estar privado a preço de ouro, e a direita golpista olhava com desconfiança uma prática que lançava sérias suspeitas sobre toda forma de idealismo, incluindo-se a pátria, a tradição, a família e a propriedade.

Afora a limitação do alcance terapêutico desse tipo de tratamento, outra das razões que levaram esses e outros psicanalistas de talento a abandonar a psicanálise para tentar a sorte na psicologia social foi, na minha opinião, não terem podido ou querido encontrar uma solução para um erro em que incorrem os psicanalistas com demasiada freqüência, talvez encantados pelo bom funcionamento da técnica de interpretar as significações latentes nas falas dos pacientes. É uma forma de *reducionismo* que desencadeou a justa ira de qualquer um que tivesse um mínimo conhecimento epistemológico e respeito pelas especificidades entre os diferentes campos do conhecimento. Falo do uso da psicanálise como uma cosmovisão cujas categorias, pertinentes na clínica, acreditam-se aptas para "interpretar" qualquer acontecimento do mundo.

Freud estava, contudo, perfeitamente ciente dos riscos de extrapolar seu método e seus conceitos do campo de conhecimento para o qual foram pensados e testados, ou de importar os instrumentos conceituais que provaram ser fecundos em outras áreas da ciência. Não é por acaso que, precisamente no livro em que se permite uma incursão na seara da sociologia, ele nos adverte para a necessidade de "nos mantermos muito prudentes, não esquecendo que se trata apenas de analogias e que seria perigoso não só para os humanos como também para os conceitos arrancá-los da esfera na qual nasceram e cresceram". E, em uma conferência destinada a difundir o bem-fundado do seu método, ele chama a atenção para a necessária demonstração de respeito pelos campos nos quais está prestes a fazer uma incursão, respeito que pressupõe a existência de "conhecimentos especializados" que lhe permitam evitar comportar-se como um "diletante".

Determinismo ou livre-arbítrio

Cem anos depois de *A interpretação dos sonhos*, podemos contar o inconsciente dentro do acervo cultural de lugares-comuns. Na atualidade, é perfeitamente aceitável, e até esperável, que eventos marcantes nas gerações precedentes provoquem conseqüências sintomáticas, repetitivas, nas gerações posteriores de cujas causas os indivíduos que as padecem não fazem idéia (ou quase). A noção de *trauma* está aí, se não para inocentar, ao menos para "explicar" as piores infâmias pelas condições do meio familiar ou social. A idéia de uma organização de símbolos determinante substituiu o *destino* que os gregos interrogavam nos oráculos. E temos o inconsciente freudiano reduzido à inconsciência dos "complexos" legados, sem querer, por aqueles que nos precederam, e cujos efeitos sofremos passivamente.

Embora Freud seja, em parte, responsável por essa versão (que, por outro lado, atende às expectativas bastante generalizadas de transferir o ônus dos próprios fracassos: "trauma" é quando os culpados de minha desgraça são os outros), é bom lembrarmos que tal noção de inconsciente é muito pouco freudiana. Não basta descobrir que conduzo minha vida conforme uma lógica que desconheço, ainda é necessário que eu me dê conta de que se trata de *minha* lógica e de que eu não estou sendo governado mediante fios por um titereiro, mesmo que essa seja a minha sensação. Até o fim de seus dias, Freud se debateu com a contradição entre o estrito determinismo inconsciente, as leis que descobrira por trás da menor das nossas ações, e a liberdade de determinar o próprio destino que define o humano. Como compor o livre-arbítrio com a causalidade inconsciente? Era ao mesmo tempo um problema clínico, teórico e — por que não? — filosófico definir o inconsciente sem cair na armadilha de considerar o doente apenas a vítima passiva de determinações ocultas da sua história pregressa. A clínica mostrava que, mesmo sem se dar conta, o neurótico estava comprometido ativamente na origem e manutenção dos sintomas de que padecia. A hipótese de uma etiologia inconsciente dos sintomas neuróticos nunca impediu Freud de falar em "*escolha* da neurose".

Freud imaginava o indivíduo como portador de um aparelho psíquico (no sentido em que se diz "aparelho digestivo") compartimentado em várias instâncias, não todas perceptíveis diretamente pelo interessado. Como ele concebia a existência de atividade psíquica complexa sem consciência alguma de si mesma, o sintagma *pensamentos inconscientes* não lhe soava tão estranho quanto a quem supuser que um pensamento deve ser obrigatoriamente o pensamento *de* alguém, de alguém que o está pensando.

Menos preocupado com a teoria do que com a prática analítica, que é basicamente um exercício de fala, Lacan recoloca o problema em termos daquele a quem escuta na sessão de psicanálise: "Não se trata de saber se falo de mim de conformidade com aquilo que sou, mas se, quando falo de mim, sou idêntico àquele de quem falo. E não há aqui nenhum inconveniente em fazer intervir o termo *pensamento*, pois

Freud designa por esse termo os elementos que estão em jogo no inconsciente, isto é, nos mecanismos significantes que aprendemos a reconhecer nele." Quem tomar a palavra para comunicar-se ficará sempre aquém ou além do que esperava transmitir; não obstante o que deve ser reconhecido e, no fim, também reconhecer-se como autor não apenas do que queria dizer, mas do que efetivamente disse sem querer. Lacan denomina isso *sujeito do inconsciente* — leia-se: a interpretação fornece um sujeito ao inconsciente.

"Não sabia" (o que dizia, o que queria, o que fazia), escutamos dos pacientes cotidianamente. A isto se resume, do ponto de vista prático, o inconsciente freudiano, a um "saber insabido". E um exemplo disso *não* é o instinto, a coordenação automática de todo um comportamento complexo por parte do animal. *Tampouco* as técnicas motrizes para andar de bicicleta ou dirigir um carro, cujos passos não precisam ser lembrados antes de ser executados. *Nem* as regras da gramática, da etiqueta ou do direito, que nos organizam a vida desde antes de nascermos sem precisar de nossa consciência para ser obedecidas a contento. São fenômenos inconscientes, sim, mas não ainda no sentido freudiano da palavra, que requer que um saber esteja fora da consciência devido a uma *ativa recusa da nossa parte.*

O fato de que Lacan, tão herdeiro de Descartes quanto Freud ou quanto nós mesmos, tenha insistido tanto em falar de *sujeito* do inconsciente deve-se precisamente ao valor heurístico que tinha aos seus olhos uma das primeiras descobertas freudianas: o recalcamento consistia em uma série de associações de idéias das quais o neurótico preferia não se inteirar por lhe serem insuportáveis. Mas *quem* tem as idéias e *quem* não quer saber delas? Desde os primeiros trabalhos sobre histeria, ainda no final do século XIX, a ênfase estava posta sobre a "solução" do impasse, a saber, a eliminação pura e simples do grupo de idéias conflitantes com a sensibilidade do paciente que, no entanto, não desaparecia completamente do psiquismo e continuava agindo de modo subterrâneo.

Ainda que Freud não se utilize do *conceito de sujeito*, pescado por Lacan da metafísica moderna, a ocorrência de que o paciente é o autor da própria cisão de que padece por obra do recalcamento é por demais freudiana (há um ensaio dele intitulado *A cisão do eu no processo da defesa*). Não se trata, contudo, do duplo da imageria romântica, a personalidade repetida que aparece, no conto de Poe "William Wilson", para assombrar a personagem toda vez que ela comete uma felonia. Está mais para o Visconde de Italo Calvino, partido ao meio, mas não por um obus senão por um saber recusado. Com uma das partes organizada pela instância que rechaça (o *eu*), e a outra organizada em torno do que foi rejeitado e retorna em sonhos, atos falhos, esquecimentos e sintomas, a divisão do sujeito se deduz da hipótese mesma do inconsciente, já que quem repulsa é o *mesmo* que sofre as conseqüências da repulsa.

O que esperamos de um tratamento psicanalítico é que seja o próprio paciente a avaliar a qualidade e o tamanho da sua repugnância e a tomar para si a responsabilidade pelo que dela decorre. Ora, que a psicanálise não seja uma pedagogia ou uma sugestão se deve a esta convicção funda de Freud de que é o próprio enfermo que enferma. Nada ou ninguém o adoece, e é portanto dele e de mais ninguém que se pode esperar (ou despertar) o desejo de abandonar a enfermidade. É uma banalidade médica a idéia de que sem a vontade de sarar do paciente não há cura, mas o status deste querer para a psicanálise é em tudo e por tudo de um alcance inaudito. Não existe qualquer terapia, mesmo de um autista ou de um psicótico, sem o reconhecimento por parte do doente de uma decisão no cerne da sua doença.

De modo algum minimizo a realidade subjetiva do sofrimento, mas a dor não inocenta o sofredor (seria errado imaginar que foi o espírito puritano do seu tempo que levou Freud a qualificar a neurose de "covardia moral"). E o método para tratar do padecimento não se reduz a uma psicoterapia nem a uma pesquisa psicopatológica, porquanto comporta uma *ética* que inclui levar em conta a relação do paciente com as suas escolhas, conhecidas ou não. A diferença entre as psicoterapias — que se propõem a livrar os doentes de um mal que lhes seria, em última instância, estrangeiro — e a psicanálise — que parte da hipótese da implicação do sofrente no padecimento de que se queixa — é perfeitamente adequada e pertinente.

Uma ressalva é, porém, necessária, o *sujeito* (do inconsciente) só se apreende nos *efeitos* da fala. Não existe um texto anterior, escrito ou oral, ou exterior (a conduta) que o crítico possa analisar para descobrir o inconsciente oculto ali.

Em um tratamento só há *acontecimentos discursivos* aos quais se imputa um agente: não sabia que desejava a morte da irmã até dizer, *sem querer*, "a morta" em vez de "a Marta". Mas, uma vez dito, já sabe o que a sua devoção fraterna à filha caçula de sua mãe, sempre doente e carente, oculta. Um saber se anuncia de maneira tal que só *depois* o falante possa reconhecer ali seu lugar de sujeito. Esse *só depois* (*après-coup*) é um conceito e um operador clínico fundamental, e está na base de uma questão tão metodológica quanto ética. Deduzir o inconsciente eficaz de um conhecimento *prévio* da genealogia de alguém, obtido na anamnese ou em uma biografia, tanto faz, não tem nada a ver com a psicanálise; talvez com uma psicologia oriunda do romantismo na qual precisamente Freud demarcava seu território ao dizer-se parte dela. Interpretar deveria ser um ato irredutível a qualquer determinação anterior.

Assim como com a ação política, da psicanalítica espera-se não apenas uma constatação, mas uma incidência sobre os fatos em pauta, uma mudança. Não basta eu indicar a um paciente o peso do ideal do pai na raiz da sua impotência frente ao examinador; ele me procurou para conseguir terminar o doutorado, e a arte consistirá em levá-lo a *dizer* tal identificação *de modo a* poder dela descolar-se para escrever sua tese. A análise não é *da* conduta, decerto, mas é *na* conduta que o inconsciente se verifica: o recalcamento sustado é demonstrado frente à banca. Nenhuma explicação sobre as razões inconscientes levantará jamais uma impotência.

A felicidade como fator político

Para viver fora da lei tem que ser honrado
— Bob Dylan

Quando disse que Freud não desejava ver sua psicanálise reduzida a uma especialização da psiquiatria, disse também que não a queria apenas, nem principalmente, como um tratamento psicopatológico. Ele aspirava a vê-la respeitada e reconhecida pela comunidade científica como uma psicologia científica das profundezas psíquicas, com um método empírico próprio. A declaração lacaniana de que a única aplicação da psicanálise é aos tratamentos de pacientes e que a cura destes dá-se por acréscimo não faz nada além de adotar radicalmente o ponto de vista de Freud, para quem o desaparecimento dos sintomas decorre do método bem aplicado. A pesquisa e a terapia são uma única e mesma coisa.

Por outro lado, embora não tenha sido pensada como um ramo da filosofia, a teoria freudiana aborda um problema filosófico capital, qual seja, o das relações entre o *sujeito* e o *objeto*. Relações de conhecimento entre quem explora o mundo e o mundo explorado. Relações de uso do objeto, e estamos no terreno do amor, do direito e... da política.

Existem dois tipos de objeto, os que podem e os que não podem ser compartilhados. Os primeiros são intercambiados e têm, portanto, medida comum; os outros, não. Tomemos uma campanha publicitária cujo compromisso seja "satisfação garantida ou seu dinheiro de volta". Não haveria inconveniente em devolver uma mercadoria apenas porque não era o que eu esperava. Meu pai, contudo, procura infrutuosamente um *tiramissu* de sonho que pouco tem a ver com as iguarias que servem nos restaurantes (mesmo nos da Itália). Deve ser como a *madeleine* de Proust ou o trenó Rosebud do *Cidadão Kane* — uma daquelas lembranças de infância que funcionam como signos de uma época em que as promessas estavam todas por ser cumpridas. Não sei. O caso é que comer fora com ele é assistir à sua decepção ritual com esta sobremesa, que ele não pode deixar de solicitar nem de devolver ou pôr de lado com um gesto de fastio, depois da segunda colherada.

Há aqui como que uma nostalgia de tempos mais felizes, apoiada em um *tiramisu* perdido mas jamais esquecido, que faz impossível desfrutar o doce que está no prato. Salta à vista, portanto, que garantir a composição de uma receita ou o funcionamento de um aparelho não é idêntico a garantir a satisfação do usuário. Podemos imaginar um pedido de ressarcimento pela falência de um produto em cumprir com o que se comprometeu a fazer, mas a *satisfação garantida* não se refere a esse compromisso, senão à felicidade perdida que esse objeto prometia e que é a verdadeira razão que nos levou, inicialmente, a adquiri-lo. Trata-se, no fundo, de uma fraude da qual nenhum código de defesa nos protege. Quem sabe disso é o judeu que se dirige ao funcionário encarregado do setor de reclamações das Lojas Americanas apenas para dizer "ufa!" e depois ir embora. É a queixa pela dor de estar vivo, simplesmente, e deve ser dita a um outro. A quem poderíamos pedir o dinheiro de volta por continuar insatisfeitos e tristes com a vida?

Freud não se ocupa do gozo (*Genuss*) senão do prazer (*Lust*), mas trata ambos como sinônimos. Lacan trata-os como antônimos, e faz do primeiro um elemento-mor da teoria, depois de ter procurado o conceito no direito, mais precisamente na filosofia do direito de Hegel. É o filósofo, não o psicanalista, que opõe o desejo ao gozo. O desejo resulta, de fato, do reconhecimento recíproco e é universal, enquanto o gozo é pessoal (ele diz "subjetivo"), intransferível (ele diz "particular") e não pode ser compartilhado. Hegel prefere o universal ao particular, que tem valor apenas para o indivíduo e mais ninguém. Privilegia, portanto, o desejo ao gozo que, a princípio, não precisa do outro.

Deixemos a filosofia alemã e voltemos para a psicanálise francesa: gozar contraria o laço social definido pelo contrato, o acordo e a partilha. O direito, contudo, leva em consideração o gozo particular, exclusivo. Não há outro. A ilusão de uma forma coletiva de gozar (de cuja promessa algumas seitas fazem seu agosto) é apenas isto, uma ilusão, já que cada um dos membros *goza no seu corpo*, isolado do resto (e a relação sexual não foge a esta regra: precisamos do parceiro para sustentar o desejo, mas o gozo *em si* é de cada qual — *The panic in Needle Park*, filme de Schatzberg de 1971, ilustra de modo notável este ponto).

O direito, então, considera essa figura jurídica ao definir a *propriedade* pela faculdade concedida a alguém de fruir com exclusividade de algo, interditando os outros de fazer o mesmo. O Código Civil reza: "A propriedade é o direito de gozar e de dispor de um bem da maneira mais absoluta, desde que não se faça um uso proibido pelas leis e os regulamentos".

A lei limita o absoluto do gozo de um bem, porquanto deve levar em consideração a existência do outro. Sobre a forma intransitiva do verbo gozar o direito guarda silêncio. Ele só se pronuncia sobre o gozo enquanto posse (gozar *de* alguma coisa) de um bem que pode circular e trocar-se (alianças, patrimônio). A justiça é impotente e muda no que concerne ao estritamente particular, a saber, o gozo do próprio corpo (este "próprio" que por si mesmo indica que não somos um corpo mas temos um é um enorme problema para a psicanálise). Como instituição, a justiça só comparece quando uma ação atenta contra a relação social, e sua missão é restaurar a ordem. E toda política se pratica na dimensão do direito e das leis.

Ora, o semelhante, com sua presença e seus quereres, obstaculiza a consecução do meu gozo, obstáculo que desperta uma agressividade que deve ser refreada mediante a lei, esta vista como uma figura do poder repressor do outro sobre meus desejos. Quem quiser divertir-se com os paradoxos engendrados por essa relação com a lei, lerá com proveito *A filosofia na alcova*, em que Sade parodia as concepções kantianas sobre a legislação, cogitadas na esteira da invenção dos direitos universais do homem pela Revolução Francesa. O Divino Marquês imagina um paradoxal direito universal do homem ao gozo, que lei nenhuma deveria coibir. As conseqüências podem ser recolhidas na obra de

Kafka, um século depois, em que a lei aparece representada por uma instância acéfala (o castelo, o tribunal), cujos obscuros desígnios não podem ser desobedecidos, mas tampouco acatados, por ignorar o sujeito tudo sobre tais regulamentos, que ele já é culpado de transgredir sem saber.

A insatisfação, em suma, é de estrutura, não de conjuntura. Em relação a ela cabe observar nosso hábito desagradável de culpar os outros. Seja como for, deve-se concluir, com Freud, que *o gozo é associal*, e a falta dele não tem remédio no campo dos bens, malgrado as promessas das campanhas publicitárias de todos os produtos, sem exceção. A revista *Caras* é um bom catálogo da vendagem de um mundo feliz onde ninguém carece de nada.

Se o objeto jurídico é, nos termos de Hegel, o objeto enquanto universal e intercambiável, uma disputa judicial se refere ao valor de uso ou de troca da coisa pleiteada. A lógica do mercado e do direito repousa sobre a noção de equivalência que permite a substituição disto por aquilo. Ora, quem já não fez a experiência da perda irreparável de um bem insubstituível? O valor dito "afetivo" do anel que justifica o risco de não entregá-lo ao assaltante (a vida sem a bolsa, às vezes, não merece ser vivida, como se vê, mas o cálculo extrapola a relação custo-benefício).

Certas coisas fazem um furo na trama da própria história devido ao valor libidinal que lhes está associado. Mas como quantificar tal valor? A tentativa da sociedade de procurar substitutivos simbólicos para isso que seria incomensurável engendra, senão uma injustiça, ao menos o forçamento de um limite que, no fim das contas, é um limite ético, pois que envolve o desejo e o gozo de alguma ou de todas as partes em litígio. O desfecho trágico de *Antígona*, de Sófocles, é a colocação em cena de tal impasse.

A fórmula que o direito romano tomou dos gregos é *suum cuique tribuere*, dar a cada um seu bem. Aristóteles (quem mais?) conceitualizou essa função da justiça distributiva segundo a aplicação de regras proporcionais matemáticas. O juiz deve remediar o desequilíbrio que afeta uma comunidade mediante um cálculo que responda a uma determinada proporção, de tal sorte que o resultado gere uma compensação por equivalência simbólica do que foi danificado, restabelecendo assim um novo equilíbrio. Isso supõe que os termos em conflito possam ser transpostos de modo a encontrar uma equivalência entre o que se perdeu e o que é restituído. Essa operação deixa de fora precisamente o que é incomensurável. A indenização que o joalheiro deve pagar pelo anel danificado, lembrança da falecida esposa, só cobre o valor da jóia, nunca sua significação única para o proprietário. E a perda vivida por este não será compensada pela determinação do juiz. É o irreparável.

Toda prática tem a sua ética, necessariamente; ou seja, uma finalidade e os meios para realizá-la conforme os seus princípios. E uma prática que vise à coesão social e à justiça distributiva entrará, mais cedo ou mais tarde, em conflito com a psicanálise, porque a ética desta última está nos antípodas da tentativa de transpor simbolicamente aquilo que não tem equivalência. Em vez do político, que fala em nome do princípio de dar a César o que é de César e a Deus o que é de Deus, o psicanalista parte do que não encaixa nem anda, do que não tem medida, nem pode ter — do insubstituível. Falo do ímpar que se apresenta muitas vezes como excessivo e que a justiça, a economia, a escola e a medicina procuram normalizar sem demasiado sucesso.

O sintoma de que se padece, conseqüência da defesa contra uma tendência pulsional motivo de horror e de fascínio, é o que há de mais singular. É o escândalo da culpabilidade do inocente, tal como já se manifestava no livro de Jó. Freud não endossará, contudo, nenhuma das respostas que Jó recebe de Deus: a tentação, a que basta resistir para considerar-se salvo; o arrependimento; e a penitência sem se perguntar por quê.

A resposta freudiana é que o homem que se acredita inocente é, na verdade, culpável. Seus desejos infantis já fizeram dele um criminoso na fantasia, lugar em que suas pulsões parricidas e incestuosas foram satisfeitas, ainda que de modo figurado. Quanto mais virtuoso for na realidade, quanto mais se afastar do pecado, tanto mais esta satisfação renunciada se refugiará na fantasia, fazendo dele um pecador irredimível. Freud denomina *supereu* tal inquisidor interior (em alemão, *Überich*) e nota com estupor que ele se alimenta da renúncia, tornando-se tanto mais feroz quanto mais lhe seja sacrificado de satisfação pulsional.

Os inocentes serão os culpados. Eis o segredo do mal-estar que afeta a cultura moderna. Nossa civilização está fundada no fortalecimento e manutenção da culpabilidade. E não há remédio para o incômodo do lado da bondade e do amor ao próximo, virtudes que não passam de sintomas do recalcamento do desejo transgressivo, comandado pelo ideal.

Pode-se perguntar, então (e foi perguntado), se o exercício da psicanálise acabaria atentando contra a civilização por sua tarefa desidealizadora. André Breton assim o pensava e, por isso, saudou a nova ciência freudiana como a alvorada de uma redenção da humanidade por meio da liberação dos sentidos. Nada podia irritar mais o criador da psicanálise do que ser associado ao Marquês de Sade, ele que desejava passar à história como um Darwin, um Copérnico ou, enfim, um Champollion. A vida não tem finalidade nem significação, pensava, e a única atitude certa é conhecer as origens da culpa sem recorrer a ilusões, para tentar fazer com as próprias fantasias algo melhor do que se defender delas mediante a renúncia, a penitência ou o sintoma.

A posição do político concernente aos ideais é diametralmente oposta. Ele procede mediante as identificações manipulando palavras que pedem para ser ouvidas com maiúscula e que com certeza pertencem à raça que o poeta Paul Valéry chamava de *palavras-papagaio*, que povoam o céu do espírito e que ele sugeria retirar a flechadas. Ele se referia ao papagaio-chefe "universo" e a sua femeazinha, que também deve ser morta, a periquita "natureza". Eu penso nos papagaios que revoam na menor campanha política: "povo", "justiça" e "liberdade", mas há muitos outros. São esses termos mais ou menos vazios que decoramos e em nome dos quais se faz consistirem causas unificadoras. Os idealistas, sempre louvados pelo imaginário popular, podem ser (e em muitos casos têm sido) seres muito perigosos, pelo totalitarismo inevitável que a totalização comporta. Não é mero acaso que, nesse tipo de empreitada, se termine *sempre* em "quem não está conosco está contra nós" ou em "ame-o ou deixe-o". A criação de grupo como totalidade fechada implica que ou se está dentro ou se está fora.

E o postulado de Freud a este respeito é que o pai fundador da comunidade é, ao mesmo tempo, seu primeiro estrangeiro. Parece um contra-senso ou, pior, uma heresia, afirmar isso do "pai da pátria", mas o responsável pela unificação do grupo representa também o elemento excluído da totalidade. Como Moisés, que morre sem poder entrar na terra prometida, depois de levar seu povo até ela.

Freud ilustrou tal fado com um mito das origens, no qual condensa no pai primevo da família humana o gozador e o morto. É a tese pseudo-antropológica de seu livro *Totem e tabu*: os irmãos primordiais são irmãos não só por ter o mesmo pai, mas também por não se permitir usufruir as mesmas fêmeas que ele. Há aqui um pequeno detalhe que às vezes passa despercebido na conjectura mítica de Freud, o pai primordial possuía *todas* elas. Isso quer dizer que tal proto-sociedade estaria embasada na insatisfação do modo mais radical. E também quer dizer que toda comunidade seria, antes de mais nada, uma comunidade de insatisfação e de renúncia. E o significante dessa renúncia é o ideal, pai de todos.

Quem permanecer na coletividade sem recalcar o mesmo significante ideal que os outros membros estará nela em condição estrangeira ou, dependendo das circunstâncias, inimiga. Patente no discurso do forasteiro, tal significante aparece para o resto do grupo como retorno do recalcado e é motivo de horror ou de espanto. Sua presença torna o portador insuportável.

A causa, voltando a ela, a missão é, no fundo, uma fantasia passível de análise, construída para atender à demanda dos cidadãos por um amo que lhes dê finalmente uma identidade e um destino certos. E o ideal que suporta o líder que o carrega opera como uma insígnia para identificar a causa e os seguidores. Longe de pretender-se revolucionária, a psicanálise reserva para si, no entanto, uma certa vocação subversiva das ordens fechadas instauradas sob tais insígnias. Ao interpelar o *ideal do eu* a análise mina a consistência que o *eu* retirava dele. Enquanto o político manipula as identificações para se propor como o Salvador da Pátria, o psicanalista as contraria para revelar a fantasia por trás do anseio por um Salvador. Seu trabalho fará vacilarem em cada um as figuras da tradição em que a comunidade se reconhece e em relação às quais identifica seu estrangeiro. *O avesso da política.*

Apesar dos singelos esforços de Freud em mostrar que a psicologia individual é, antes, bem social — começando pela origem do próprio *eu*, espelho do semelhante —, continuamos pensando a psicanálise como uma terapia do indivíduo isolado. Meu inconsciente só é "meu" por força de expressão, já que não é uma realidade substancial escondida no psiquismo individual, fechado e solipsista. O inconsciente é *transpessoal* — atenção! *não* disse "*coletivo*" (como o concebia o responsável pelo primeiro grande cisma do freudismo, Karl Jung: um conjunto de conteúdos simbólicos inscritos na cultura, como os mitos). O inconsciente é *relacional*: o complexo de Édipo envolve pelo menos três personagens; o ideal do eu, motivo do recalque, concerne à aprovação de um outro de quem se espera reconhecimento; as perturbações neuróticas afetam nossa vida familiar ou laboral.

Indo mais longe ainda, podemos até dizer que o inconsciente revela a essência oculta da *comunicação*. No esquema triangular da lingüística clássica temos um emissor, um receptor e uma mensagem que aquele transmite para este. Podemos definir o inconsciente freudiano como a subversão desse esquema; como a descoberta de que o emissor só sabe qual foi realmente a sua mensagem pelo modo como o receptor a devolve a ele (o emissor recebe do receptor a sua própria mensagem de maneira invertida, reza a fórmula lacaniana). Quem se dirige a mim o faz decerto para comunicar-me algo, mas também, e fundamentalmente, para mandar uma carta a si mesmo (ainda a questão do sujeito partido ao meio). Eu não passo do carteiro. Inversamente, eu só sei o que queria mesmo dizer pelo que o interlocutor entendeu do que eu disse. Apesar das aparências, então, *o inconsciente não é do foro íntimo*. Lacan diz que é o *discurso do Outro*.

O insabido é, pois, *um discurso*. Não a realidade instintiva animal esquecida ou rejeitada pelo homem, mas um desejo infantil cujo recalque significa que ele se tornou irreconhecível, visto que ficou articulado a outras palavras deslocadas, cujo nexo original permanece oculto para o próprio desejante, que já não encontra as palavras para dizê-lo. Recalque é a rejeição não de pulsões, senão de significantes, cujo sentido libidinal foi transferido, deslocado, para outros significantes que substituem os primeiros.

O inconsciente é também um discurso *sempre alheio*, literalmente *excêntrico* em relação ao *eu* que fala. É, com efeito, um discurso que não é nem pode ser auto-reflexivo, não pode ser assumido nem sequer reconhecido como tal por nenhuma consciência. Donde a única maneira de uma consciência poder escutar esse discurso é vindo de fora. Apenas outra pessoa pode entregar-me o "meu próprio" inconsciente que, nesse sentido, é radicalmente *intersubjetivo*. Mas o é para ambos os participantes, no caso do diálogo analítico, e não só para o paciente. Quem toma a palavra, a toma sempre de um Outro em posição terceira. Isso quer dizer que, embora haja duas pessoas presentes, a situação analítica inclui sempre um terceiro, como ilustra algo que uma paciente pôde ouvir de mim, sem eu me dar conta do alcance do que estava lhe dizendo.

Às voltas com a descoberta difícil da invejosa crueldade materna, ela me conta um sonho: sua mãe ocupava todo o firmamento — como a que uma personagem de Woody Allen desejara ver desaparecer durante um show de mágica, no curta-metragem *New York Stories*, e que reapareceu preenchendo-lhe o céu todo. No caso de Woody Allen, faço observar, trata-se da mãe judia (a minha paciente é nordestina). "A mãe judia!", exclama, "é disso que se trata, da mãe que *judia* comigo." Acontece que eu não tinha pensado no verbo "judiar" quando lhe fiz aquela observação, ela mesma retirou de mim a chave de leitura do seu próprio sonho. "A mãe judia", então, vem do discurso do Outro, tanto para ela como para mim (quem sabe, minha própria judeidade me impediu de ouvir a "judiação" na palavra "judia"...).

A queixa da mãe, contudo, não é bem o discurso do Outro, mas do *eu* da "sonhante". Onde está, pois, o inconsciente nesse sonho? Não no conteúdo manifesto, a figura da progenitora ocupando o espaço total; tampouco no conteúdo latente, feito da mistura de amor e de ódio (*hainamoration*, no francês de Lacan) que existe entre ambas as mulheres. O inconsciente está *na forma mesma* como essa informação é codificada para chegar àquela que fala através do Outro. O saber insabido consiste na "escolha" que *se fez* nela durante o sono da cena cinematográfica. Incidentalmente, a eficácia clínica da interpretação desse sonho se verifica pelos resultados, nesse caso, desistir de justificar para si mesma a hostilidade materna, de procurar-lhe explicações "racionais", como vinha fazendo até então, e reconhecer que uma mãe pode muito bem judiar da filha, sim. Note-se, incidentalmente, que a fórmula de Lacan descreve ao mesmo tempo *a estrutura formal do inconsciente e do dispositivo analítico*, ou seja, as condições inventadas por Freud para fazer ouvir o inconsciente têm a mesma estrutura que este último.

Como o inconsciente é intersubjetivo, não há de ser pela oposição entre o indivíduo e a sociedade, ou entre o individual e o grupal, que se poderá confrontar e até opor a psicanálise à política, como às vezes é feito. Se o político tenta gerenciar o coletivo mirando o bem-estar de cada um, o psicanalista demonstra ao indivíduo que seu mal-estar se deve, em grande parte, às suas relações com os outros e que não existem soluções solitárias que não envolvam o semelhante.

A inegável tensão entre ambos tem mais a ver com a solução que cada um propõe para o mal-estar social. As culturas se diferenciam segundo o modo de administrarem o gozo, o apetite que será ou não permitido satisfazer. As normas da relação entre os sexos, por exemplo, figuras convencionais entre nós, para o islão estão divinamente prescritas, o que muda e muito o que disso pode ser interpelado por uma psicanálise sem cair imediatamente sob a censura estatal. Tem quem ache que uma forte razão para o afundamento do comunismo foi seu fracasso em permitir o acesso ao consumo de massas, e já ouvi ponderações de Fidel sobre o natural anseio dos jovens cubanos pelas Levis e pelos Adidas ("Mas o que se há de fazer..." poderia ter acrescentado).

Por grande ironia, o fim desidealizador da psicanálise lhe valeu ser tomada por subversiva durante as ditaduras, e tachada de reacionária na era dos grandes ideais. A psicanálise, entretanto, não se propõe a indicar onde está o Bem, e, enquanto o político entra de chofre no jogo do publicitário — o moderno engenheiro das identificações que orienta o fluxo dos desejos na direção dos interesses que serve —, a prática do psicanalista se exerce na direção contrária, dc pôr em questão as soluções neuróticas para lidar com os impasses do desejo no intercâmbio social. Ora, o que cada um fará depois de lhe ter sido revelada a fantasia que comanda a sua conduta ao determinar seus desejos já não é da alçada do psicanalista, que em nenhum caso se arvora como diretor de consciência do seu paciente.

Parece haver consenso de que, do ponto de vista da ética, o político é um ser ambíguo, ao menos na democracia parlamentar. Pois se, por um lado, faz parte do processo de transformar interesses em vontade propriamente coletiva, por outro, tem interesses particulares ligados à sua própria identidade, à necessidade de se mostrar eficaz e indispensável junto a seus eleitores, de criar uma imagem com a qual eles se identifiquem. Entretanto, se bem pode ser sustentado que o político não pauta suas decisões em princípios universais, aderindo em maior ou menor grau a uma política de resultados, esta, não por ser pragmática, cai fora do domínio da ética.

Sustentar que a política nada tem a ver com a ética equivale a esquecer que a política é o lugar mesmo da escolha; e o que seria a ética senão as escolhas que alguém pode bancar? Está aqui talvez o maior ponto de atrito com o psicanalista, já que para o político o sujeito é negociável em massa ou no varejo e raramente prevalecem nas suas decisões as diferenças particulares, abolidas por princípio sob a "razão de Estado" (o "doa a quem doer" é um modo de dizer isso). Para o psicanalista, ao contrário, não apenas não existe cálculo coletivo da boa satisfação, como opera com o inegociável de cada um, com aquilo que em hipótese nenhuma cairia sob o interesse geral da nação.

Isso autoriza a concluir que o analista é apolítico, como se diz apressadamente? Definitivamente, não. E não me refiro à militância partidária (conquanto não esteja excluída, acho que alguma distância cética em relação às grandes causas seria preferível, o que de nenhum modo deve ser entendido como uma declaração de indiferença em matéria de política). Por outra parte, imagino que todo profissional queira as condições sociopolíticas em que o exercício de sua profissão seja possível, e, no caso da invenção freudiana, isso se resume à existência de uma sociedade civil separada do Estado e da Igreja, a democracia laica, em suma.

Saber poder (impotência / em potência)

Nossa língua não guardou a homonímia do francês *maître*, que designa tanto quem detém o saber e pode ensiná-lo como quem tem o poder para governar, mas seu sentido está bem preservado no ditado "saber é poder".

Não existe campo onde esse ditado esteja mais bem aplicado do que no campo político. A história ensina que o modo principal de minar o poder de um soberano ou de um governante é ocultando dele informações vitais. Não preciso lembrar o valor da informação na área das decisões econômicas nem os debates sobre a liberdade de imprensa quando se trata da famosa "razão de Estado". A chantagem nada mais é do que extorquir alguma vantagem de alguém sob ameaça de revelação de um segredo ou de um escândalo que este deseja preservar sigiloso. Expressões como "rabo preso" ou "telhado de vidro" remetem ao poder que outro tem de me prender por seu conhecimento de algo meu que eu considere inconfessável e à fragilidade da minha posição frente ao risco da revelação, respectivamente.

Hitchcock explora de modo farto esta relação entre saber e poder em vários filmes, e confia o efeito suspense a uma sábia dosagem de informação assimétrica entre o espectador e as personagens. Nos seus filmes, muitas vezes, temos que refrear a vontade de alertar o herói sobre o perigo que o espreita, como quando éramos crianças e um dos palhaços nos pedia a cumplicidade do silêncio com um dedo sobre os lábios, enquanto aguardava de tocaia, atrás da porta e segurando um pau, o outro palhaço: quem resistia à necessidade de denunciá-lo à futura vítima?

A justa fama do livro de George Orwell, *1984*, que antes de ser um romance de ficção científica é um manifesto político contra o totalitarismo, gira em torno de uma instância burocrática acéfala denominada *Big Brother* (a maiúscula que cai sobre este "irmão maior", o designado pelos pais para tomar conta do caçula, é a mesma que afeta o *Big Other* de Lacan, que já citamos ao falar do inconsciente como saber e tornamos a usar agora) e que se resume a um olhar que tudo sabe porque tudo vê. Assim como no romance de Ray Bradbury, *Fahrenheit 451*, que nele se inspira, o mecanismo para manter a tensão dramática consiste em mostrar os esforços do protagonista, em cujo lugar o leitor se coloca, para furtar-se a este olhar absoluto.

O mais provável é que Orwell tivesse em mente o stalinismo soviético, no auge em 1948, quando seu livro foi escrito, mas a sua referência teórica mais importante é o *Panopticon*, de Jeremy Bentham — fundamento de todo o sistema de controle social, especialmente carcerário, cuja crítica definitiva foi feita por Michel Foucault em seu livro *Vigiar e punir*. O pan-óptico, como seu nome indica, é um dispositivo tal que permite a uma instância controle completo sobre determinado espaço social. Uma torre central alta o suficiente para ter contato visual com todo o espaço a ser vigiado, configurado em círculo com seus raios convergindo sobre o centro de controle, que não leva esse nome por acaso.

Claro que, com a invenção da televisão na década de 1940, as câmeras dispensaram a torre central, já que podem levar o olho para dentro de qualquer recinto. Não deixa de ser uma ironia digna de nota, senão uma sinistra homenagem à "tele-tela" mediante a qual Orwell imaginara seu mundo paranóico, a veiculação e o sucesso de audiência do *reality show* denominado *Big Brother Brasil*, que mantém os televidentes assistindo... a quê? Ali deu-se um passo além no espírito dos "paparazzi" — os fotógrafos da vida privada das estrelas — ao pôr no ar a vida privada de qualquer um em sua estúpida banalidade. A única razão plausível para esse apelo pela vida dos outros é a *ilusão criada pelo dispositivo* de ser o telespectador mesmo quem controla o pan-óptico; o olho central que vê mas não é visto.

Não posso desenvolver aqui as relações epistemológicas e históricas entre a visão e o conhecimento, que, de tão "óbvias", ninguém mais repara nelas. Na língua, essa relação reina soberana desde a Grécia clássica até nossos dias, a começar pela palavra "idéia" (do grego, *idéin*, ver): explicar um assunto é "esclarecê-lo"; "joga-se luz" sobre um mistério que fica então "revelado"; a era da razão diz-se "iluminismo" e o tema fácil de entender "salta aos olhos"; as provas ou demonstrações são "evidências" e a pessoa que sabe cuidar do seu futuro é "previdente".

Não é necessário estarmos em um regime totalitário para que o controle visual das situações e o acúmulo de informações esteja no centro da ação política. Desde os patéticos "dossiês" — aquelas pastas vermelhas que os candidatos a cargos eletivos em debate apóiam sobre a mesa para amedrontar o adversário com supostas revelações de escândalos — até os satélites e aviões espiões, passando pelos programas de computador que roubam dados dos usuários e pelas câmeras espalhadas pelo espaço público em nome da lei, o homem político, assim como o publicitário e o policial, precisa controlar o que mostra e enxergar o máximo possível para jogar bem seu jogo. Isso tudo para realizar aquela que é, no fundo, sua maior paixão, a saber, a *totalização*.

A visão total, o controle absoluto e o saber completo estão visceralmente unidos, e o político deposita as suas oferendas no altar desse deus trino. Ele é um apaixonado do uno, um militante do todo. E o psicanalista, com sua regra dourada: "*diga tudo* que lhe passar pela cabeça"?

O psicanalista, em termos de poder, há de ser comparado não ao político, mas ao confessor católico. Existe entre ambos, porém, uma diferença que fundamenta suas respectivas políticas em relação ao "conte-me tudo (não me esconda nada)". O padre executa a lei de um Deus que não pode ser enganado e em cujo nome não apenas julga o que está certo ou errado, como se arroga o direito de perdoar ou punir o pecador. Nesse sentido, e apesar da indubitável opressão dos preceitos sobre ele, este último pode descansar do peso de sua consciência moral e delegar em parte a responsabilidade ao confessor. O psicanalista não só não sabe onde está o bem, como parte não de um Deus ausente — opção de alguns filósofos —, mas de um Deus que pode ser enganado, como o rei do conto de Edgar Alan Poe, *A carta roubada*, que não repara na carta traidora que a rainha deixa displicentemente aberta sobre a escrivaninha quando ele entra.

Freud se refere a essa ignorância através do doloroso relato de um paciente cujo pai morto recentemente lhe aparecia em um sonho *sem saber que estava morto*. A interpretação oferecida foi: "conforme o desejo do senhor". Ou seja, "seu pai não sabia que estava morto conforme o desejo do senhor, seu filho (causado pela rivalidade edípica com ele). Ele, assim como o senhor, não sabia da existência de semelhante voto de morte".

É um tema recorrente na literatura e no cinema os mortos não saberem que estão mortos. Está aqui a diferença entre o pai de Édipo e o de Hamlet. O primeiro morreu sem saber quem era seu matador, foi para o outro mundo ignorante da realização da profecia do oráculo. E o segundo não apenas sabia que estava morto, como também conhecia quem o matara e por quê, a ponto de demandar de seu filho a vingança que lhe permitiria finalmente deixar de vagar por aquela terra como um espectro. O *RIP* gravado em algumas pedras tumulares quer dizer, em latim, *requiescat in pace*. E é precisamente essa a função do rito, fazer com que o morto descanse em paz, sem precisar voltar sob a forma do fantasma a assombrar os vivos. Quando o rito não é consumado, como no caso do pai de Hamlet, surpreendido pela morte na flor dos seus pecados, como ele mesmo se exprime, o espectro é condenado a regressar para sua redenção.

Já para Lacan, o pai morto que não conhece a sua condição é a figura mesma do inconsciente pensado como o Outro que não pode saber de si. Há, de fato, um movimento de dois tempos na releitura lacaniana do conceito de inconsciente que, com freqüência, se confundem. O primeiro postula a existência para cada qual de um discurso alheio ao *eu*, ignorante dele, e do qual só pode ter notícias através de outrem. O segundo aborda a natureza da alteridade em questão. O inconsciente só é visto como uma unidade por projeção a partir do *eu*, que passa a falar o discurso do Outro nele. Mas o Outro em questão não é nenhum ser, nenhum duplo do sujeito, e, por isso, Lacan pôde dizer dele que é ignorante embora fale a verdade. Do fato de eu desconhecer meu próprio desejo e dever recebê-lo de fora, não se deduz, entretanto, que o Outro saiba de si — não sabe.

Sonhos menos trágicos ilustram também essa figura do *Big (Blind) Brother*. São os sonhos nos quais o sonhador está seminu em meio às pessoas, sem que ninguém pareça reparar no seu estado. Os demais, a sociedade como um todo, o *Big Other*, enfim, não o podem ver. Contrariamente ao que as pessoas parecem pensar quando, depois de perguntarem sobre a profissão, passam a tratar os psicanalistas como leitores de mentes, o lugar que ocupam junto aos analisandos está mais para o rei enganado de Poe do que para o *chevalier* Dupin, o esperto de olhos de lince de quem nenhum gesto escapa, e que percebe na hora a existência da carta que a rainha pretende ocultar do seu senhor e soberano.

O dr. Heinrich Faust, o *Fausto* de Goethe, atingido pela melancolia, negocia com Mefistófeles a entrega da sua alma imortal em troca de um desejo que não claudique enquanto ele for vivo. Não é pela sabedoria universal — o doutor é um cientista — que ele se vende, mas pela alegria de poder aspirar a atravessar novas fronteiras do saber sem jamais enfastiar-se. Ele poderá percorrer, com a ajuda do tentador, esse campo de pesquisa imensurável, chamado vida, em toda largura e comprimento, altura e profundidade, "sempre cheio de aspirações". Esse aspirar que o faz feliz nunca terá fim. Essa é a razão que leva o dr. Faust a vender seu bem supremo ao diabo, não o que ele possa obter em conhecimento (ou em fortuna, ou em amores, pouco importa), mas a certeza de que o desejo, razão de ser de qualquer coisa que se faça na vida, não se esvaia. De que valeria, com efeito, possuir o que já se deixou de querer? O fastio talvez seja a pior assombração; a saciedade que dissolve qualquer apetite, deixando a vida desnorteada, sem sentido. Ele entrega, pois, o que o demônio lhe pede (o maligno sabe bem o que quer, ele é um grande colecionador de almas), em troca da garantia de que seus próprios anseios nunca passarão.

Mefisto me parece uma figura interessante para ilustrar a quarta incumbência insustentável (não verdadeiramente um ofício) que Lacan achou bom acrescentar às três freudianas de governar, curar e ensinar: *fazer desejar*. Fazer desejar é a empreitada do histérico, a tarefa improvável a que ele se consagra. E não há nenhum acaso no fato de Freud — herdeiro do mesmo romantismo de Goethe — ter inventado a psicanálise para se haver com a histeria. Mais precisamente, com a interpelação histérica feita ao desejo dos que supostamente sabem, os médicos, no caso dele (mas podem ser os governantes ou os professores, para seguir com nosso tema). Os sintomas histéricos estudados por Freud apareciam-lhe como caricaturas das patologias conhecidas dos médicos, destinadas a demonstrar-lhes a vaidade de querer responder pela essência do sofrimento humano. "Vocês nada sabem", parecem dizer esses sintomas, "sobre o que faz o corpo padecer".

Lacan foi direto ao miolo desse questionamento do saber do *maître* quando disse que "o histérico nos mostra em que educar fracassa". E como mostra isso? Tocando a impotência de toda ciência, de todo conhecimento sistemático, para dar conta da satisfação adequada aos apetites dos corpos. Não existe fórmula universal da felicidade, diz o histérico. Mas ele quer que exista, e, para isso, o sábio deve perseverar na sua busca, até encontrar. Por isso, o histérico assume a missão (impossível) de sustentar o desejo de saber do sábio, para que este continue procurando pela noite dos tempos a resposta final. Que essa paixão histérica está fadada ao fracasso é óbvio, e é a dor desse fracasso que vemos sob a forma da neurose precisamente denominada histérica.

Menciono Mefisto, o histérico, porque permite entender melhor as relações dos três ofícios ditos impossíveis com o *poder*, sendo que é precisamente por suas relações com a potência que educar, curar e governar são tidos como insuportáveis, embora quem se entrega a uma dessas tarefas ingratas não deixa de fazer uma invocação, ainda que tácita, ao demônio para lhe dar alguma sustentação na empreitada. A potência é potência de, precisamente, fazer acontecerem os desejos; de que o almejado se concretize, direta ou indiretamente.

Embora não esteja garantido que quem detém o poder realize tudo que quer, o que de fato lhe acontece é obter, como efeito colateral, o *amor* dos outros. Os servos amam e temem seu suserano. Amam-no porque o temem. E Orwell entendeu isso quando fez com que o representante da instância do poder explicasse à ovelha desgarrada, enquanto padecia as torturas, que a finalidade educativa do tormento não está em apenas levá-la de volta para o rebanho, mas em provocar-lhe o amor pelo seu pastor. Não é só questão de obedecer às diretrizes, ou seja, às vontades do amo e senhor, mas de amá-lo. E, em que pese o paradoxo, de amá-lo por livre e espontânea vontade. A vontade de potência revela-se espantosamente como uma enorme demanda de amor. Não surpreende, portanto, que o Brasil da ditadura tenha aparecido frente ao mundo com a divisa "Ame-o ou deixe-o". Poderia ser a palavra de ordem de qualquer tirania.

Deve ser por esse horizonte de amor enfim realizado que toda ação política visa a ocupar ou permanecer no lugar do poder. Por isso, também, uma vez ocupado, os poderosos aferram-se a ele com unhas e dentes. Um assessor direto de um presidente demissionário contava-me sobre a depressão clínica deste último depois de abandonar a cadeira presidencial. A falta súbita do que o poder carrega consigo produz uma verdadeira síndrome de abstinência. Todas as regalias e outros tantos sinais de exceção com que seu cargo o provia — sem esquecer de mencionar a bajulação e a subserviência de pessoas que, depois, não lhe dariam nem bom-dia — faziam dele o ser excepcional que, como qualquer um de nós, ele sonhou ser um dia. Tais sinais são, em tudo e por tudo, signos de amor, fascinantes para quem os recebe e nos quais é difícil deixar de acreditar, apesar do fato de estarem originados no medo, no interesse ou na hipocrisia.

Jacques Vergès, o advogado francês que defendeu o criminoso de guerra nazista Klaus Barbie, declarou que admirava Stálin e Mao pela sua "grandeza", ao contrário dos políticos democráticos que eram, por natureza, medíocres. Grandes ditadores, observava, dão ao povo um destino, enquanto os democratas podem apenas prometer um pouco de bem-estar. Ditadores embarcam em missões, enquanto os políticos permanecem alijados pelos compromissos que estão obrigados a fazer. Esse ponto de vista tem sido compartilhado por mais de um grande intelectual do século passado, enfeitiçado pelo magnetismo do poder absoluto.

Durante séculos, a Grande Muralha chinesa do imperador Quin foi associada com tirania brutal e derramamento gratuito de sangue, mas nos tempos modernos esse símbolo da opressão foi associado com o mais puro nacionalismo e universalmente admirado pela sua grandeza. Mao Tsé-Tung reabilitou a reputação do imperador da dinastia Quin no início da década de 1970. Ele próprio se via como seu moderno herdeiro. A violência impiedosa do reinado do imperador foi saudada como espírito revolucionário. E a queima de livros e de intelectuais vivos proposta pelo Grande Timoneiro foi vista sob uma luz inteiramente positiva até por grandes figuras da *intelligentzia* francesa.

Esta é uma característica de todas as ditaduras, criar uma tábua rasa com a história que não pode ser contestada nem por sacerdotes nem por intelectuais de nenhuma índole. Ainda hoje se ouve responderem a críticas sobre a China de Mao com o argumento de que Tchiang Kai-Shek era muito pior, ou, então, que os crimes de Batista justificam os de Fidel. Quem pretende catequizar o presente com o passado é um conservador; os tiranos revolucionários, ao contrário, não conservam nada, apagam a lousa para escrever seus Estados Novos ou suas Novas Repúblicas em cima das ruínas e das cinzas da história pregressa. As juventudes de todas as épocas foram quase sempre cooptadas pelas políticas do recomeço da estaca zero. A idéia de que uma sociedade completamente nova pode ser erigida pela pura vontade humana resulta fascinante aos que têm sonhos de grandeza. Vide o entusiasmo com que milhares de chineses pegaram nos martelos para despedaçar inestimáveis tesouros budistas e templos de Confúcio. Há beleza na destruição, Sade que o diga! Uma ditadura conservadora pode ser brutal para os que vivem sob seu jugo, mas é menos destrutiva do que uma revolucionária, que via de regra se propõe a não deixar pedra sobre pedra. Claro que nenhuma ditadura é pura em um sentido ou no outro; as revolucionárias, por exemplo, usam muito o passado, mas trata-se do passado remoto mitificado e reescrito como alicerce necessário do novo regime, como Mao fez com a dinastia Quin.

O mais terrível nas ditaduras é a vontade das pessoas de acreditar nas aspirações divinas dos ditadores. Os milhares de manifestantes embandeirados ou portando cartazes adorando seus líderes não fazem isso apenas por terem sido forçados a tanto; muitos, se não a maioria, são tomados pelo fenômeno da massa estudado por Freud e que ele identifica genialmente com a mesma estrutura do amor — em que o apaixonado sente sua individualidade dissolver-se na figura que o cativa.

Todo uso do poder é paradoxal, no sentido em que seu exercício faz aparecer seu limite, imaginariamente vivenciado como impotência pelo regente e como decepção pelos súditos, que irão então procurar um novo líder a quem seguir; um novo senhor a quem devotar-se. E a psicanálise não é aqui nenhuma exceção, ao contrário, talvez seja a única dessas ocupações que conhece as molas secretas do poder, na onipotência atribuída pela criança indefesa à sua mãe, de cujos cuidados depende e que está investida, por isso mesmo, do arbítrio de satisfazer ou de negar satisfação a todas e a cada uma das suas necessidades. Em certo sentido, nenhum governante lida de modo tão depurado com o poder quanto o psicanalista, que aprendeu a não servir-se daquele de que seu paciente o investe, porque sabe que a sua eficácia deriva precisamente de que este permaneça “em potência”, jamais “em ato”. *Um poder que só funciona na condição de não ser usado*. A soberba do psicanalista consiste em acreditar-se a mãe primeva, o real depositário da potência de que está investido. Mas no seu caso o castigo está no próprio pecado, já que cairá de imediato na impostura, na impotência e na derrisão, perdendo junto com o lugar do qual dependia esse poder, a sua função.

No que concerne à potência em si, a psicanálise lhe decifrou a lógica ao analisar o seu símbolo-mor: o *cetro*, que, como se sabe depois de Freud, é um símbolo "fálico". Mas não estamos perante a religião do *falo*, apenas de uma disciplina que registra a sua emergência na cultura e reconhece a sua função na clínica. Quanto ao pênis, é pela sua propriedade fisiológica distintiva, a sua erectilidade, que teve o privilégio histórico de vir a representar o falo. Mas não como se acredita desde a Antigüidade, como uma gloriosa e eterna ereção, senão pela alternância entre tumescência e detumescência. O jogo de esconde-esconde desse órgão transformista o tornou apto para figurar *imaginariamente* a propriedade essencial das palavras da língua que, para não alongar mais esse já longo período, direi tratar-se do puro jogo diferencial da presença e da ausência, em que cada palavra se define como sendo aquilo que as outras não são (dizer "preto" equivale a não dizer "branco", e vice-versa). Não é o falo que depende do órgão masculino, como pensou um certo feminismo, mas, ao invés, é este que depende daquele, como demonstra a mínima clínica da impotência masculina.

A descoberta do falo, contudo, não forneceu nenhum direito natural ao eleitor masculino, antes pelo contrário, revelou o falo como um simulacro, uma montagem simbólica cuja referência real estaria no orgasmo e no seu resto tangível, jamais teorizado pela psicanálise, o esperma ejaculado. E a norma sexual, que coordena a dança dos casais (falo incluso), não passa de um artifício, já que o desejo que os move (é o grande ensinamento de Freud) carece de objeto natural. O gozo visado, de que esse desejo é o vetor, se confunde, desde que o mundo é mundo, com a busca da felicidade e do bem-estar. O que nos leva, para concluir, de volta ao senhor amado; amado precisamente pela crença de que está de posse do falo, ou seja, cabe a ele atender às nossas demandas, satisfazer nossos anseios como uma boa mãe. Não é preciso dizer o tanto que há de miragem nessa crença.

Fazer a hora

> Ao examinar suas ações e suas vidas, parece que eles nada receberam da fortuna além da ocasião, que lhes forneceu uma matéria na qual introduziram a forma que lhes pareceu boa. Sem esta ocasião, a força de suas almas teria se esvaecido, e sem essa força da alma é em vão que a ocasião teria se apresentado.
>
> — Maquiavel, *O Príncipe*

> ...como o âmbar que preserva a mosca para nada saber do seu vôo.
>
> — Lacan

> Ninguém faz as perguntas que eu respondo.
>
> — Millôr

Embora tenhamos mostrado as diferenças e até os pontos em que as duas posições, do político e do psicanalista, são o avesso uma da outra, tivemos o cuidado de não as opor de modo ingênuo e maniqueísta, já que isso não ajuda a entender nem uma prática nem a outra. Em 1955, Lacan fala para seus alunos, analistas em formação, e diz:

> Se Temístocles e Péricles foram grandes homens é porque eram bons psicanalistas. Eles entenderam no seu registro próprio o que quer dizer a opinião verdadeira (*orthodoxa*). Eles estão no coração da história concreta onde um diálogo se engaja; no registro onde nenhuma espécie de verdade é observável sob a forma de um saber generalizável e sempre verdadeiro. Responder o que precisa a um acontecimento enquanto significativo, enquanto ele é função de um intercâmbio simbólico entre os seres humanos — pode ser a ordem dada à frota para sair do Pireo —, é fazer a boa interpretação. E fazer a boa interpretação no momento certo é ser bom psicanalista.

A boa interpretação no momento certo caracteriza o psicanalista tanto quanto o político, e não seria excessivo arriscar que ao chamar psicanalistas a Temístocles e a Péricles, Lacan está anunciando-se também como um bom político (só que de outra política, de uma política para psicanalistas, que ele mesmo chamava, lá pela década de 1960, de *política do sintoma* e, mais tarde, na de 1970, de *política do bem-dizer* — voltaremos a falar sobre elas). "Não é por se referirem a algum saber organizado que os práticos da política realizam uma ação suscetível de levá-los a serem considerados ou consagrados como 'grandes' pelo fato de essa ação vir a responder a uma espera ou acalmar uma angústia, e sim porque são portadores da *verdade de um momento, ou de uma conjuntura*, verdade de um momento que escapa ao saber estabelecido e que reconhecem como tal aqueles que se referirão a ela como uma idealidade."

Não há como referir-se a um manual para tomar a decisão correta na hora certa. E, no entanto, a ausência do manual que permita identificar com certeza o bom momento não impede que se manifeste permanentemente a crença em um conhecimento tal, a convicção da existência de dons para tanto. Pode a percepção do momento propício, condição da eficácia da interpretação ou da intervenção, tornar-se objeto de um saber codificado e transmissível ou ela depende de um talento, um dom natural?

Em favor da primeira concepção é necessário reconhecer que existe uma materialidade da ocasião, uma característica da conjuntura que pode ser analisada e avaliada como prospectiva, fasta ou nefasta para determinada finalidade. Reconhecer, por exemplo, a necessidade de autoridade da massa inquieta permitiria antecipar o momento que a levará a cristalizar-se em torno de um líder e prever seu advento. Contudo, mesmo tendo o gabarito para avaliar a conjuntura e decidir a respeito de determinada ação, não é qualquer um que pode vir a ocupar o lugar vago especificado pela estrutura. É nesse ponto que se invoca a aptidão inata, diabólica ou divina, denominada *carisma* (do grego *chárisma*, dom).

Não se trata de aplicar um conhecimento previamente estabelecido, nem na hora da interpretação, nem na do fato político, para fazer vir à tona uma verdade que preexistiria a um ato que, antes que se fundamentar nela, a cria. Nenhum conhecimento prévio guia a interpretação, que age em um tempo anterior à constituição do saber, não obstante persistir o fato de que essa operação terá gerado depois um conhecimento. Tanto a ação do político como a do analista se organizam a respeito de uma situação singular, uma conjuntura irrepetível, única, ainda que os seus fins não sejam idênticos e, em ocasiões (como a manipulação dos ideais), opostos. É bom não confundir, neste ponto, o registro imaginário do *eu*, complacente, oportunista e mentiroso qual "homem de Estado cujas percepções são corretas mas quer obter os favores da opinião pública" — como se exprime Freud em *O eu e o isso* —, com o registro simbólico da experiência humana.

Quando o homem comum declara todos os políticos irmanados na má-fé, na corrupção e na mediocridade, não está fazendo apenas uma declaração sobre os representantes que ele mesmo ajudou a escolher, mas também anunciando a sua própria impotência para sentir-se dono do seu destino. Para o psicanalista, trata-se de engajar o sujeito por meio da fala na responsabilidade pela sua verdade singular inconsciente; para o político, a retórica é instrumento de sugestão e de influência, visando pôr a massa em movimento em uma direção calculada mais ou menos aproximativamente e a que responde aos interesses que ele mesmo serve.

As práticas política e psicanalítica (e, poderíamos acrescentar, a educacional) são exercícios retóricos, atos de fala. E não de qualquer palavra, já que não se trata neles de uma fala informativa (que descreve um fato dado da realidade), mas *performativa* (que cria o fato: a ordem dada à frota para sair do Pireo). O uso da linguagem tem para ambos a finalidade de produzir uma mudança efetiva no interlocutor e o meio para isso é menos o sentido comunicado que o ato ilocucionário em si, a sua forma. Nem a interpretação é cognitiva (Freud não explica nada), nem a intervenção política é "constatativa" (referir-se à alta dos juros, quando se é ministro da economia, não exprime uma opinião, induz uma mudança no mercado); ambas são atos de fala com efeitos concretos sobre o destinatário. Não é necessária, portanto, uma fina análise para perceber que a oposição ingênua entre as posições do psicanalista e do político não se sustenta.

O leão salta só uma vez, dizem os caçadores, para significar que não terão segunda chance se atirarem fora de hora. O instante não dá outra oportunidade; a surpresa cobra soluções de improviso, no susto. Tanto o ato político como o analítico são filhos da ocasião única que foi aproveitada. E sobre ambos espreita, no entanto, um anseio de perenidade, uma aspiração a guardar para sempre o instante congelando-o, como uma foto, no simulacro, na aparência, no faz-de-conta da ordem estabelecida. Parece inevitável que, depois da ruptura pontual que subverte uma ordem dada, o movimento se detenha na tentativa de fixar novas coordenadas que comportam, na verdade, a morte da política causadora da ruptura que acabou de acontecer e que, via de regra, reproduzem a fixidez do regime anterior. Nova ordem autoritária que o poder policial ou militar pode mascarar durante um tempo.

Aconteceu em todas as revoluções da história o esgotamento do entusiasmo revolucionário que fez possível entornar a taça da ordem estagnada. Depois da revolução triunfante, surge, qual mofo, uma nova estrutura conservadora que sonha em manter o espírito renovador mumificando a revolução, mas que dela não guarda nada além da sua máscara vazia. A inevitável estatuária, o monumentalismo, o culto ao líder são seus sintomas patognomônicos típicos, reveladores do desejo de, mais do que lembrar, fixar o fato pontual eternamente reproduzido e que abomina doravante qualquer mudança: vontade de eternização que revela a ação de uma verdadeira pulsão de morte no campo da política. E nos tratamentos psicanalíticos corre-se o mesmo risco cada vez que um acontecimento inconsciente subverte a ordem do *ego*, que se reorganiza em torno de sua nova estrutura, agora cristalizada, impedindo qualquer nova ruptura.

Na década de 1940, Lacan escreveu um ensaio intitulado "O tempo lógico ou a asserção de certeza antecipada: um novo sofisma" que fez correr muita tinta. Em parte por ser um artigo instigante que sugere os rudimentos para uma lógica coletiva e em parte por estar folcloricamente associado ao aspecto mais polêmico e mais anedótico da sua clínica, as sessões curtas.

O artigo trata ao mesmo tempo da prática psicanalítica e da prática política, com uma crítica velada à concepção sartriana de liberdade (a ambientação em um cárcere com três encarcerados e seu carcereiro, tomados em uma situação de ares kafkianos, acena na direção de *Huis Clos*, peça contemporânea desse trabalho). Aos olhos de Lacan essa simultaneidade reflete a afinidade entre o ato político e o ato psicanalítico, *idênticos do ponto de vista da estrutura*. Ambos consistem no aproveitamento de uma ocasião única, com a finalidade de produzir um acontecimento simbólico singular que muda as coordenadas de uma ordem geral dada, e cuja temporalidade não-linear oscila entre um "ainda não" e um "já foi".

"O tempo..." desenvolve uma tese a partir de um problema de lógica, que consiste em responder à pergunta de como conseguem três presos descobrir a cor, branca ou preta, do disco que levam nas costas, sem espelhos e sem poder consultar o vizinho. Lacan pretende demonstrar que o problema só tem solução se cada um dos participantes se esforçar por incluir o ponto de vista do outro no seu raciocínio. Contrariamente aos três prisioneiros sartrianos, que só enxergam os pecados dos outros sem poder ver os próprios e se atormentam reciprocamente por toda a eternidade (segundo Sartre, essa peça é a encenação da idéia de que "o inferno são os outros"), os três lacanianos são obrigados a inferir o raciocínio dos outros dois para chegar à resposta certa sobre a própria posição e poder sair.

Esse artigo foi usado na década seguinte para intervir na controvérsia técnica que opunha os que pensavam a interpretação como a comunicação direta do material recalcado e os que opinavam que toda interpretação deveria incluir uma referência à transferência, isto é, à relação com o psicanalista, para ser eficaz. O *Vocabulário de psicanálise*, de Laplanche e Pontalis, define a transferência como "o processo pelo qual os desejos inconscientes se atualizam sobre determinados objetos no quadro de certa relação estabelecida com eles e, eminentemente, no quadro da relação analítica".

Lacan entende tratar-se aqui de uma falsa oposição, já que qualquer comunicação ao paciente será ouvida "em termos de sua estrutura", e a aposta da análise é identificar precisamente a estrutura que acolherá a interpretação, ou seja, identificar *a pergunta da qual o sintoma neurótico é a resposta*. Uma resposta em busca da sua pergunta. O sujeito esqueceu a pergunta, mas esta não o esqueceu e continua a ser respondida sem fim pelo sintoma. Como a doninha de um conto que li quando criança, que incumbiu uns pássaros da tarefa de anunciar pela vizinhança, em altos brados, sua procura por um noivo. Só que bem depois de ela já ter encontrado marido, ninguém mais fazia calar aqueles pássaros, que no ínterim tinham ensurdecido, e não havia quem os fizesse entender que seus serviços de apregoamento não eram mais necessários.

O *uso lógico do tempo*, a que se refere o título do trabalho que comento, é a tentativa de reduzir a duração da sessão, curta ou longa, ao tempo do acontecimento discursivo, cujas conseqüências serão elaboradas pelo paciente fora do consultório, enquanto cuida da vida. Aquela sessão do autor do lapso aqui já comentado, por exemplo, foi encerrada logo depois do seu ato falho, porque este último assinalava a conclusão de um longo período em que ele se comportara comigo da mesma maneira que a sua irmã, Marta, com ele. A moça ficava doente logo no dia em que ele viajaria com a namorada, e a viagem era cancelada; sofria um ataque de angústia que o deixava acordado a noite toda na véspera de um exame; enfim, telefonava para o trabalho do irmão depois de tomar um frasco de soníferos, com medo de morrer. E eu recebia telefonemas dele dois minutos antes da hora da sessão para me dizer que estava com enxaqueca e perguntar se eu me importaria em atendê-lo em outro horário; ou que tinha caído e quebrado o pé bem na hora de vir para análise; ou, ainda, que não se lembrava do horário combinado e se eu poderia fazer o favor de ligar para dizer a que horas deveria vir.

Existia a opção, claro, de atender a tais e tantas solicitações, deixando para outra vez a análise da lógica desses pequenos acidentes que implicavam sempre seu não-comparecimento: deixar-me suspendido à sua ausência; fazer-me girar em torno da sua perda potencial como um satélite, confirmando desta feita o valor da sua presença. O que decidi fazer, em vez disso, foi não trocar nenhum horário; mandá-lo vir mesmo com o pé quebrado; nunca ligar de volta para reconfirmar-lhe algo. E cobrar-lhe as faltas como outras tantas sessões. Tratava-se, ao mesmo tempo, de mostrar-lhe sua identificação com a irmã, manifesta no seu desejo de ver a falta que ele me fazia, e minha recusa em aceitar a oferenda da sua própria perda.

Por que escolher essa estratégia e não a explicativa? Porque qualquer explicação seria ouvida do lugar já designado para mim: o mesmo que ele ocupava junto à irmã. Fazer metalinguagem não iria ajudá-lo a resolver seu impasse, assim como explicar a trajetória da bola não ajuda a tirar o jogo da sinuca: faz-se necessário pegar o taco e bater na bola da vez. Para tanto, atuei com ele conforme o papel que me fora designado, e o tratei como achava que ele deveria tratar sua irmã. Nessa álgebra, estava para meu paciente assim como ele para a irmã, e o fato de poder deixá-lo cair, sem dó (como ele se exprimia), mostra não só a necessidade como a possibilidade de separar-se dela, pondo um fim na manipulação que a moça exercia por meio da culpa provocada pela sua postura sempre indefesa à beira do desastre. É aqui que adquire seu sentido mais fino a substituição inesperada de "Marta" por "morta". Deixá-la morrer simbolicamente seria não admitir mais que ela queira tornar-se, pela ameaça de desaparecer, a razão de ser do outro.

O que está por trás do "tempo lógico" é menos uma aplicação técnica da temporalidade própria do inconsciente, como já se disse, do que uma teoria sobre a decisão em psicanálise. Lacan divide o processo decisório em três etapas denominadas o instante de ver, o tempo para compreender e o momento de concluir. A avaliação das etapas precisa sempre levar em consideração o lugar que a neurose do paciente convida o analista a ocupar; lugar que este aceitará ocupar com discrição estratégica. Nesse caso, a conclusão do tempo para compreender a dinâmica da relação comigo no consultório, análoga à que tem em casa, dá-se no momento em que, ao declarar inesperadamente (o desejo d)a morte da Marta, o analisando revela estar em condições de mudar sua postura em relação a ela.

A sessão analítica é como uma encenação de teatro, cujo diretor é o analisando e na qual o psicanalista aceita o papel de ator coadjuvante, com o intuito de apreender o roteiro que ambos seguem *sem saber*. Mas a metáfora teatral termina aqui, já que não há como se posicionar fora do palco para discutir o roteiro. Toda observação *sobre* a peça estará na verdade *dentro* dela e será recebida nos termos do roteiro, isto é, da estrutura da fantasia inconsciente através da qual o analisando percebe a realidade. A aposta insensata da psicanálise é identificar e, até certo ponto, mudar a estrutura da fantasia que receberá a interpretação, estando já desde sempre, desde antes do primeiro encontro, dentro dela.

C 401

"Há muito adotei o dito espirituoso dos três ofícios impossíveis, isto é, educar, curar, governar." Foi assim que começamos. Lemos, depois disso: "embora tenha me empenhado muito no segundo deles". O que devemos entender por impossível se isso não apenas não o faz desistir como sustenta seu empenho?

Parece óbvio que tarefas como estas não poderiam jamais ser cumpridas a contento, de maneira acabada, de modo a não deixar nada a desejar. Por que, então, Freud sente a necessidade de esclarecer isso que parece tão óbvio? Talvez ele queira lembrar-nos de que as três tarefas são infindáveis. Infindáveis porque o homem não pode ser tido como acabado, a não ser na hora da sua morte. Durante a sua vida, ele é um projeto, está condenado a viver no gerúndio, no *sendo*. Quando alguém diz *ser* alguma coisa está tentando excetuar-se do conflito, antecipar-se, de certo modo, àquilo que desejaria ou poderia ser (e ainda não é), para que o seu interlocutor o confirme ali: "sim, tu és isso que dizes ser". O único modo de fazer isso verdadeiramente é dizê-lo a um outro. De fato, dizer de mim mesmo que sou isto ou aquilo não diz o que realmente sou, mas por quem desejo ser tomado. É apenas dizendo ao outro o que ele é para mim que situo verdadeiramente *meu* próprio lugar. "Você é meu mestre" não é uma constatação do ser profissional do interlocutor, mas o ato de fala mediante o qual me afirmo como seu discípulo e, assim fazendo, o coloco no lugar da mestria. Faço dele um mestre no mesmo movimento em que me torno discípulo.

Em todo caso, quando *sou* alguma coisa, sei onde *estou*; no movimento de estar sendo, do contrário, não tenho garantido lugar algum, apenas o movimento mesmo. Estou, por assim dizer, perdido, desorientado, desnorteado. Em suma, não tenho coordenadas referentes para caracterizar o lugar que ocupo. O senso do lugar, portanto, não é inerente ao lugar mas depende dos referentes: X assinala o ponto em que o tesouro está, como todo pirata sabe.

Afirmar que não se pode educar não deveria levar a pensar que seria melhor desistir da tarefa. A idéia, ao contrário, é que tal impossibilidade seja a condição mesma para que o trabalho possa ser *levado adiante*, já que não se trata de levá-lo a cabo. Levar algo até o fim é realizá-lo, e *realizar*, como a palavra indica, é transformar aquilo que se realiza em uma coisa (é o significado de *res; rei*, em latim).

E o educador, no fundo, sabe que toda forma de conhecimento é provisória e que amanhã será superada por outra. O problema é que toda educação mira o absoluto e tolera o efêmero, o perecível, como um estado a ser superado. O objetivo da educação é o definitivo, e um educador está ciente de sua vontade de alcançar a verdade. Isso não quer dizer, contudo, que ele afirme poder fazê-lo. Se ele acredita poder levar seus alunos até lá, cairá na impostura. Se, ao contrário, reconhece a impossibilidade de atingir a meta, o seu trabalho terá a verdade (impossível) como *causa*, não como fim inalcançável; como motor da sua tarefa, para sempre inacabada, de ensinar.

O mesmo, creio, aplica-se à tarefa de governar. Não se trata de pleitear em defesa da mediocridade em matéria de política, mas de reconhecer que o político, assim como o governo que resultará da sua prática, está movido por um ideal como causa, que há de ser reconhecido antecipadamente como inalcançável. De outra maneira, o político deve orientar a sua ação pelo ditado "o melhor é inimigo do bom". Se o ideal de uma perfeita harmonia entre as forças políticas conflitantes for seu objetivo, a finalidade concreta a ser efetivamente alcançada, o governo decorrente de semelhante política será um fracasso, na melhor das hipóteses, ou uma catástrofe, na pior (o genocídio como solução final, por exemplo). O ideal não pode estar na frente, como a cenoura do burro, mas na popa, como o motor de uma embarcação. O governo será feito na sua permanente precariedade. O provisório será aqui definitivo, desde que se saiba que o definitivo é impossível. E fazer bem-feito o provisório não é um demérito; é precisamente optar pelo bom, desistindo do melhor.

Já o ofício do psicanalista é ligeiramente diverso. Ele não só não pode ter nenhum ideal como objetivo da sua ação, como tampouco pode tê-lo como causa oculta. Tanto se falou entre os lacanianos da "verdade como causa" que quase fomos levados a esquecer que uma psicanálise é a tarefa mesma de pôr os ideais em questão. Ter a verdade como causa, a meu ver, quer simplesmente dizer que a própria impossibilidade possa ser identificada e tratada como um objeto positivo e atual na vida psíquica do paciente.

Uma mulher que analiso tem sonhos nos quais uma situação aparece figurada como sem saída, de tal sorte que uma explicação deve ser arranjada às pressas, dentro do sonho, para fornecer alguma racionalidade à situação sem que seja preciso acordar. Sonha, por exemplo, que está de volta à faculdade, da qual sabe que saiu há mais de 10 anos, e a razão de estar ali (diz a si mesma no sonho) é por *estar devendo* a disciplina C 401. Acontece que tal matéria foi abolida pelo MEC enquanto ela ainda cursava a graduação, motivo pelo qual recebeu o diploma sem precisar fazer as provas correspondentes. O sonho a deixa em uma situação assaz peculiar: ela *deve*, mas a dívida é *insaldável* por ter deixado de existir o lugar no qual o pagamento poderia ser registrado. Falta uma cláusula, que não pode ser observada por ter sido retirada da legalidade universitária; mas essa ausência não cancela a falta nem faz caducar a dívida. É possível reconhecer nesse impasse a forma mesma da narrativa de Kafka.

Analisar esse sonho consiste em interrogar o que essa *impossibilidade representada* diz dela e a ela. Aqui interessa apenas fazer observar que *C 401* é o nome, neste caso, do ponto interno ao sujeito que Freud denominava *umbigo do sonho*, que ao mesmo tempo representa o limite do que pode ser analisado e o motor mesmo da análise. Essa lógica, que vale para cada análise, vale também para a psicanálise como profissão, dado que nos permite tomar Freud ao pé da letra quando diz ter-se empenhado em sustentar o impossível mediante sua prática.

Esse ponto de impossibilidade é situado, em cada caso, com as coordenadas da própria história, mas, em termos teóricos, trata-se do problema que levou Freud a escrever *Além do princípio de prazer*, depois de reconhecer a existência clínica de um *limite interno ao exercício mesmo da psicanálise.* Esse limite ditará, em última instância, até onde se pode chegar em um tratamento dessa índole. Não se trata de sonhar com ultrapassar tal ponto ou de sanar a impossibilidade mencionada, como se fosse uma dificuldade, mas deve-se contar com ela como limite e como termo real do tratamento. Tratar-se-ia, então, de uma impossibilidade inscrita paradoxalmente nas condições mesmas do exercício dessa prática.

Em que momento, em que ponto do seu percurso Freud nos falou de um além do princípio de prazer? No ponto em que os psicanalistas, engajados no caminho que ele mesmo tinha trilhado e indicado, acharam ter conseguido o domínio final sobre a neurose. Freud lhes tinha dito que o desejo recalcado era sexual e os analistas acreditaram. Acreditaram a ponto de se persuadirem de que só restava remover os obstáculos à expressão desse desejo e tudo estaria resolvido; que bastaria dizer ao paciente: "O senhor não se dá conta, mas o objeto do seu desejo está ali, oculto, ainda não ao seu dispor." Foi dessa maneira que compreenderam a interpretação.

Mas fato é que não funcionava. E nesse ponto de virada se disse que o paciente resistia. Entenderam que deviam insistir. *Resistência* era o estado corrente da interpretação, era o modo como nesse momento os analistas interpretavam o fato clínico de o sujeito não ceder seu sintoma em troca da nomeação do objeto ignorado do seu desejo. *Além do princípio de prazer* conta a história da teorização deste impasse e da saída clínica que fez avançarem novamente a teoria e as análises estagnadas.

Foi necessário que Freud abalasse nos discípulos as convicções que ele próprio ajudara a criar, depois de reconhecer que não se tratava de uma resistência do sujeito ao analista, mas do sintoma à interpretação. Havia algo nele, na verdade, que não podia ser traduzido em termos de um desejo atrelado a um objeto sexualizado e recalcado. Algo que se manifestava clinicamente como *repetição* de um fracasso (da vida cotidiana, da interpretação, do analista), que só se podia entender como a persistente ação de um gozo não-sexual, irredutível à simbolização. Um gozo responsável pela tenacidade com que o paciente (do grego *pathos*, paixão, sofrimento) se aferrava ao sintoma.

A relação entre o paciente e seu analista, se tudo correr bem, tornar-se-á, mais cedo ou mais tarde, sintomática, isto é, até certo ponto, passível de interpretação. Isso porque a interpretação não elimina o sintoma, mas deve servir para reduzi-lo ao seu centro obscuro. No repetitivo impasse da sua vida, agora atualizado na relação com seu analista, o analisando aprenderá a reconhecer uma forma de gozar que fazia sintoma e com a qual terá de se haver de algum outro modo. Freud chamava isso de *neurose de transferência*, o analista preso nas redes libidinais mais arcaicas do seu paciente. Fazer a política do sintoma é deixar-se tomar até as últimas conseqüências; até o ponto de o neurótico perceber que pode fazer a política do sintoma por outros meios. *A política do sintoma por outros meios* talvez seja uma fórmula do fim de uma psicanálise. Freud falava em *sublimação*. Não simplesmente iterar o fracasso de sempre, mas transformar a reiteração em outra coisa: arte, ciência, técnica, esporte, amores... Menos uma revolução (fazer o giro completo e retornar ao mesmo ponto de partida, ironiza Lacan) do que uma mudança do regime repetitivo.

É difícil dizer o que isso muda no plano social, mas talvez seja possível esperar que alguém que experimentou esta possibilidade de subverter a política de seu sintoma junto com seu analista possa, quando se trata de votar para presidente, por exemplo, não se entregar com afinco à procura de um salvador para decidir sobre seu destino e o da *res publica*. Talvez seja essa a única utopia a que temos direito nós, os psicanalistas.

Referências e fontes

• As citações de Freud da introdução estão nas *Obras completas* (Buenos Aires, Amorrortu Editores, 1986, vol. XIX, p.296 e XXIII, p.249, respectivamente). A primeira, no "Prefácio a um livro de August Aichorn, *Verwahrloste Jugend*" *(1925)*, e a segunda em *Análisis terminable e interminable.* A citação da página 18 está em "Novas conferências de introdução à psicanálise", op.cit., vol. XXII.

• A citação de Lacan das páginas 20-1 vem de "A instância da letra, ou a razão depois de Freud" (*Écrits*, Paris, Seuil, 1966). A citação da página 54 foi retirada de *O Seminário*, Livro 2, O eu na teoria de Freud e na técnica da psicanálise (Rio de Janeiro, Jorge Zahar, 1985).

• Há referências não literais a Michel Plon ("Da política em O mal-estar ao mal-estar da política", artigo que está em *Em torno de o mal-estar na cultura, de Freud,* São Paulo, Escuta, 2002), no capítulo 1, e a Shoshana Felman (*Jacques Lacan and the adventure of insight.* Cambridge, Harvard University Press, 1987), no capítulo 6.

• Mencionei o filme de Schatzberg na página 27 para mostrar como, na tentativa de acompanhar o homem que ama em sua solitária viagem cotidiana pela heroína, a moça consegue tão só ficar ela mesma presa ao gozo autista da droga e por completo isolada do parceiro que esperava alcançar.

• O desfecho trágico de Antígona a que me refiro na página 30 é o de ter sido levada a optar pela morte quando a determinação do seu suserano de deixar insepulto o irmão dela que morrera como traidor da cidade a defrontava com a desonra do nome da sua família, valor superior para ela à obediência devida ao rei e a sua própria vida.

Leituras recomendadas

Embora não acredite que a psicanálise possa ser posta em série com a crítica política realizada pelos filósofos, cumpre dizer que não se pode ignorar a vertente filosófica, que não se ocupa em fornecer fórmulas para o sucesso, mas em analisar questões abstratas relativas às formas do Estado e dos regimes possíveis, assim como os valores que eles põem em jogo. Para mencionar apenas os principais: Platão (*A república*; *As leis*), Aristóteles (*Política*; as duas "Éticas"), santo Agostinho (*A cidade de Deus*), Maquiavel (*O príncipe*), Hobbes (*Leviatã*), Locke (*Dois tratados sobre o governo*), Montesquieu (*O espírito das leis*), Rousseau (*O contrato social*), Hegel (*A filosofia do direito*), John Stuart-Mill (*Sobre a liberdade*) e, claro, Marx e Engels (*O manifesto do partido comunista*).

No que concerne à psicanálise, embora haja inúmeras obras dedicadas às suas relações com a sociologia, há poucos textos em português que se ocupam especificamente do político. Em primeiro lugar, o artigo de Michel Plon, já citado, que tem a virtude precisamente de discriminar da sociologia a política. Existe uma boa tradução do clássico *O amor do censor*, de Pierre Legendre (Rio de Janeiro, Forense Universitária/Aoutra, 1983), que aborda o problema do poder. E *Da horda ao Estado* (Rio de Janeiro, Zahar Editores,

1983), de Eugène Enriquez, que pode ser consultado embora esteja mais na vertente sociológica. Infelizmente ainda não traduzido, cabe mencionar o excelente trabalho sobre a megalomania, de Denise Lachaud, *La jouissance du pouvoir* (Paris, Hachette, 1998).

Ainda em português, podemos sugerir o livro de Betty B. Fuks, *Freud e a cultura*, nesta coleção (Rio de Janeiro, Jorge Zahar, 2003), que trata das relações da psicanálise com as disciplinas que não lhe são inerentes, sem cair no reducionismo da "psicanálise aplicada"; e a coletânea de conferências de Célio Garcia, *Psicanálise, política, lógica* (São Paulo, Escuta, 1994), em que ele procura subsídios para um diálogo possível entre disciplinas que em geral se ignoram reciprocamente. Já o psicanalista argentino Germán García, em *Política do sintoma* (São Paulo, Hacker, 1997), discute aspectos da política da psicanálise do ponto de vista institucional, tanto interna (avatares dos vínculos dentro das associações de psicanalistas) quanto externa, tratando dos vínculos da associação psicanalítica com a sociedade. Eu próprio abordo a ética interrogando o problema do ato em política e em psicanálise em *No círculo cínico ou Caro Lacan, por que negar a psicanálise aos canalhas?* (Rio de Janeiro, Relume-Dumará, 2002). Há também uma coletânea de artigos sobre o tema, organizada por mim: *Goza!, capitalismo, globalização e psicanálise* (Salvador, Ágalma, 1996), e o livro de Caterina Koltai, *Política e psicanálise. O estrangeiro* (São Paulo, Escuta, 2000), embora se ocupe da questão indicada no subtítulo, tem um capítulo dedicado à política. Finalmente, Slavoj Žižek se apropria da teoria da fantasia e do sintoma para pensar "o social", do modo mais original e fecundo, em dois ensaios denominados *O mais sublime dos histéricos, Hegel com Lacan* (Rio de Janeiro, Jorge Zahar, 1991) e *Eles não sabem o que fazem* (Rio de Janeiro, Jorge Zahar, 1992).

Sobre o autor

Ricardo Goldenberg é psicanalista, licenciado em psicologia pela Universidade de Buenos Aires, mestre em filosofia pela Universidade de São Paulo e doutor em comunicação e semiótica pela Pontifícia Universidade Católica (PUC-SP). Membro da Associação Psicanalítica de Porto Alegre (Appoa) e membro fundador do Percurso Psicanalítico de Brasília. Autor de *Ensaio sobre a moral de Freud* (Ágalma, 1994) e *No círculo cínico ou Caro Lacan, por que negar a psicanálise aos canalhas?* (Relume-Dumará, 2002).

Psicanálise **PASSO-A-PASSO**

- **O adolescente e o outro**
  Sonia Alberti
- **Mito e psicanálise**
  Ana Vicentini de Azevedo
- **Sonhos**
  Ana Costa
- **Édipo**
- **Psicanálise com crianças**
  Teresinha Costa
- **Freud: criador da psicanálise**
- **Lacan, o grande freudiano**
  Marco Antonio Coutinho Jorge e Nadiá Paulo Ferreira
- **A sublimação**
  Orlando Cruxên
- **Freud e a religião**
  Sérgio Nazar David
- **O conceito de sujeito**
  Luciano Elia
- **A teoria do amor**
  Nadiá Paulo Ferreira
- **Histeria: o caso Dora**
  Nadiá Paulo Ferreira e Marcus Alexandre Motta
- **A interpretação**
  Laéria Fontenele
- **Freud e a cultura**
  Betty Fuks
- **Política e psicanálise**
  Ricardo Goldenberg
- **A psicose**
  Andréa M.C. Guerra
- **Angústia**
  Sonia Leite
- **Linguagem e psicanálise**
  Leila Longo
- **Para que serve a psicanálise?**
- **A transferência**
  Denise Maurano
- **Depressão e melancolia**
  Urania Tourinho Peres
- **Feminino/masculino**
  Maria Cristina Poli
- **Os outros em Lacan**
  Antonio Quinet
- **A neurose obsessiva**
  Maria Anita Carneiro Ribeiro
- **Cinema, imagem e psicanálise?**
  Tania Rivera
- **Trauma**
  Ana Maria Rudge
- **A paixão**
  Marcus André Vieira
- **Educação e psicanálise**
  Rinaldo Voltolini